RECHERCHES

SUR L'ORIGINE

DU DESPOTISME

ORIENTAL.

Ouvrage posthume de M. B. I. D. P. E. C.

Monstrum horrendum, informe, ingens.....
                            VIRGIL.

M. DCC. LXXV.

LETTRE
DE L'AUTEUR
A M. *****

Puis-je vous demander, Monsieur, si les vains trophées que
la superstition s'est dressés à l'occasion de votre ouvrage ont pu
altérer la sérénité de votre grande
ame? Je ne le trouverois pas étonnant. Comme homme vous pouvez être sensible à la persécution,
& comme philosophe vous pouvez
plaindre la philosophie outragée
& persécutée.

Quoi qu'il en soit, je veux aujourd'hui vous distraire d'un objet
que la grande proximité peut vous

rendre trop touchant & trop vif. C'eſt dans ce deſſein que je vous invite à vous tranſporter avec moi dans l'avenir, pour conſidérer de loin ce temps préſent, & pour le voir de ce même œil juſte & tranquille que vous ſavez ſi bien porter ſur le paſſé. Voyons enſemble la ſuperſtition lutter dans toute la ſucceſſion des temps contre le génie & les connoiſſances, ſans qu'elle ait cependant pu jamais en arrêter totalement la marche & les progrès. Voyons les apôtres de l'erreur & de la fable, toujours honteuſement lâches & ridiculement fiers & impudents, perſécuter les grands hommes, ſans pouvoir empêcher qu'une vénération conſtante nous en tranſmette les noms & les éloges. Voyons le Livre de l'*Eſprit* paroître au mois d'août

1758, proſcrit par des arrêts, des mandements & des critiques, tandis que plus de vingt éditions faites avant la fin de la même année, dans toutes les grandes villes de l'Europe, publient la réclamation & le ſuffrage de tout ce qu'il y a d'êtres penſants dans le monde philoſophique.

Voilà de ces ſpectacles, Monſieur, que je vous invite à conſidérer. Vus de ce point reculé, ils ſont conſolants, parce qu'ils ſont vus tout entiers, & qu'on en ſaiſit mieux alors le dénouement, qui eſt toujours le triomphe de la philoſophie & la récompenſe du mérite perſécuté. Voyez donc, s'il le faut, votre temps comme une antiquité.

Pour moi, en conſidérant de ce lointain les brigues, les cabales

de l'erreur, & tous les différents
rôles que font la méchanceté &
la haine en sa faveur, je remarque que sous votre époque, vous
y faites le rôle de grand homme;
que tous ces cris, qui de près pa-
roîtroient sans doute des rugisse-
ments, ne font que des cris de
grenouilles qui se perdent dans la
sphere d'un étroit horison; que
les traces de ces reptiles s'effacent
dans leur limon; je vois que votre
nom seul & votre ouvrage s'éle-
vent & subsistent pour faire la mé-
ditation de tous ceux qui savent
lire & penser, & qu'enfin les critiques tombent oubliées, parce
qu'on n'a pu vous rien reprocher
personnellement, & parce que
dans votre vie vous n'avez fait
que des actions grandes, nobles
& généreuses; présomption forte

pour votre façon de penfer, fi on ne la connoiſſoit pas.

Comment, hélas, toute cette fourmilliere incapable de lire & de juger de votre ouvrage, & qui n'en parle que d'après la voix des arrêts & des mandements, pourroit-elle en impofer à la poſtérité? Quant à ceux qu'on auroit lieu de croire plus éclairés, & qui néanmoins crient avec les autres, ce font des ames foibles que le torrent entraîne; ce font des efprits politiques que l'intérêt d'un nom, d'un titre, ou d'un caractere fouleve contre leurs propres lumieres. Ils veulent conferver fur le reſte des hommes une puiſſance que différents hafards ont établie fur l'imbécillité & fur l'ignorance. Ce font, à la vérité, ces gens-là, ces apoſtats volontaires de la vérité &

* iv

de la raifon , qui feuls peuvent
être à craindre , fi ce n'eft pour
l'avenir , au moins pour le préfent : eux par qui fe font toujours
laiffés infpirer & conduire les gouvernements foibles. Si vous êtes
perfécuté , peut-être payez-vous
comme dernier pour vos prédé-
ceffeurs : en ce cas , il n'y auroit
rien de flatteur à annoncer à ceux
qui oferont encore continuer cette
chaîne d'écrivains nobles & hardis.

Si vous aviez donc à vous affliger , Monfieur , ce feroit fur vos
fucceffeurs ; ceux-là en effet pourront être bien plus maltraités que
vous , à moins que le chapitre des
accidents ne change le train des
chofes. J'ai cependant une grande
confiance dans ce chapitre ; le
même hafard , par exemple , qui
nous donne & nous ôte fi fréquem-

ment tant de miniftres mauvais ou médiocres, ne peut-il pas nous en donner un bon ? Mais j'ai bien plus de confiance dans l'efprit général qui fe monte de plus en plus fur le ton de la raifon & de l'humanité, j'ai bien plus de confiance fur le progrès des connoiffances, ce fleuve immenfe qui groffit tous les jours & qu'aucune puiffance (fi ce n'eft un déluge) ne peut plus aujourd'hui fe flatter d'arrêter ; quelle foif pour l'inftruction n'indique pas le prodigieux & rapide débit de votre ouvrage ! Enfin j'ai encore une grande confiance dans les fottifes même de nos hiérophantes, dans les querelles inteftines de nos Galles & de nos _____igalles, dans l'ambition indifcrette du fantôme hiérarchique, & dans le mépris univerfel où il eft

*v

tombé malgré tout l'appareil de
ſon crédit. Voici comme je me
repréſente ſa ſituation actuelle ; je
veux vous la peindre pour vous
diſtraire de la vôtre.

Imaginez une de ces figures antiques, autrefois élevées par l'idolâtrie & enclavées par le mauvais
goût dans la façade de quelqu'édifice, que ſa conſole & ſa baſe ſont
détruites par le temps, & que la
ſtatue n'eſt plus retenue dans ſa
place que par une adhérence cachée, qui fait paroître ſa poſition
merveilleuſe, mais qui ne la rend
pas plus ſolide. Tel eſt, Monſieur,
l'état préſent de l'idole hiérarchique ; tous les fondements ſont déja
tombés par le vice de leur conſ-
truction primitive ; le coloſſe comme ſuſpendu, eſt encore retenu
par une adhérence latérale avec

un édifice politique plus folide & plus entier ; mais enfin il n'a plus rien fous fes pieds, & ce qu'il y a encore de plus fâcheux pour lui, c'eft qu'une multitude de gens s'en font apperçus : déja il commence à ne plus paroître qu'un hors-d'œuvre, & le ridicule de cette fituation ne peut continuer d'être remarqué, fans qu'à la fin on ne fente l'inutilité de cet ornement Gothique, qui défigure & qui altere depuis fi long-temps l'accord & l'harmonie de tout l'édifice.

Il eft bien inutile, en effet, je ne cefferai jamais de continuer à le démontrer après vous, par un grand nombre de faits, & fur-tout par l'efprit d'une multitude de coutumes & d'ufages : je montrerai qu'il y a eu un temps, très-ancien à la vérité, où la police avoit enfin

* vj

reconnu qu'il est superflu, & même contraire au bonheur & à la stabilité des sociétés, de la gouverner par ces ressorts surnaturels qu'on appelle religion & révélation : que c'est à cette fin que cette police avoit jeté un voile impénétrable sur tous les dogmes religieux, pour ne plus laisser d'action qu'à la morale & aux loix. Elle avoit senti que toute la loi surnaturelle énerve & affoiblit les loix naturelles, sociales & civiles, & que celles-ci n'ont jamais tant de force & tant de vigueur que lorsqu'elles régissent seules le genre humain.

Ce tableau sera intéressant par lui-même, & encore plus par ses suites, qui toutes n'ont pas été aussi heureuses qu'elles auroient dû l'être, faute de certaines précautions qu'on n'étoit pas encore

tout-à-fait en état de prendre
dans cet ancien âge. C'est, par
exemple, par une suite de ce grand
projet que le culte extérieur, qui
ne fut plus dès-lors interprêté, est
devenu dans tout le monde payen,
bisarre, énigmatique, & la source
de la mythologie. L'histoire de la
religion est devenue un cahos,
parce qu'il fut bien plus aisé à la
police de supprimer les instructions, que les fêtes & que les
spectacles religieux qui en étoient
auparavant la matiere & l'occasion ; & ce cahos à la fin est devenu tel, que les gouvernements
eux-mêmes se perdirent dans leurs
mysteres, qu'ils ne purent remédier aux abus : parce qu'ils en
méconnurent les causes, & qu'ils
oublierent tout-à-fait les principes

& l'efprit de l'ancienne police. Efclaves des ufages les plus ridicules , les gouvernements furent entraînés avec le peuple aveugle ; & lorfque les abus & le temps ont fait naître les fyftêmes religieux qui couvrent aujourd'hui la terre , ils furent forcés de s'y foumettre , ce qui a prefque annihilé toute légiflation fociale.

Il n'y a que la philofophie & la raifon qui puiffent aujourd'hui ramener la police à fes anciens principes , & la tirer de l'efclavage où elle eft. Qu'il eft étrange de voir la police perfécuter ce qui la fauvera un jour , au lieu d'y chercher un conftant abri , & de lui en offrir un réciproquement ! N'appercevra-t-elle point que la raifon , & la loi fondée fur la raiſon, doivent être les uniques reines des mortels, & que lorſqu'une religion établie conmence à pâlir & à s'éteindre devant les lumieres d'un ſiecle éclairé, ce n'eſt plus qu'à cette raiſon qu'il faut immédiatement recourir, pour maintenir la ſociété, & pour la ſauver des malheurs de l'anarchie? C'eſt cette raiſon qu'il faut alors preſque diviniſer, au lieu de l'affoiblir & de l'humilier.

Il y a un peuple innombrable de jeuneſſe à demi inſtruite, qui parce qu'elle ne croit plus comme ſes peres, que les loix aient été dictées ou écrites par les dieux dans les ténébreuſes cavernes d'un mont Ida, s'imagine qu'il n'y a point de loix; voilà le monſtre qui effraie avec quelque ſujet notre police ; mais elle accuse la raison de l'avoir fait naître, lorsqu'elle n'en doit accuser qu'une religion insuffisante & fausse, qui a fondé l'existence des devoirs naturels sur un mensonge, afin d'avoir par-là le droit de gouverner les hommes par l'autorité & non par la nature, qu'elle dit criminelle pour qu'on la méconnoisse, ainsi que la raison qu'elle a dégradée pour n'en avoir rien à craindre.

Ce système est affreux sans doute, mais il sera dorénavant rejeté par cette jeunesse. Si elle n'a pas encore trouvé la bonne route, c'est beaucoup d'en avoir quitté une mauvaise & d'en être dégoûtée ; il faut lui aider à trouver le chemin qui lui convient, & elle est bien plus disposée à la prendre,

que fi elle fuivoit encore ftupide-
ment fa premiere voie.

A qui donner une telle com-
miffion, fi ce n'eft à la philofophie? Elle ne doit pas même attendre qu'on la lui donne; elle a
fait du paffé l'objet de fes études,
elle doit faire du futur l'objet de
fes prévoyances, porter fes vues au
plus loin, & former un plan de
philofophie politique, pour régler
les progrès de la philofophie même.
Pourquoi les philofophes ne la cul-
tiveroient-ils point dès-à-préfent,
comme une fcience d'état, puifqu'elle le fera tôt ou tard? Les
éleves de la philofophie font déja
nombreux; un bien plus grand
nombre eft tout prêt de fuivre fes
étendarts, & l'anarchie religieufe,
qui augmente tous les jours, lui

montre un peuple de ſujets qu'il lui ſera facile de conquérir. Elle doit ſans doute ſe hâter de le faire. Si cette anarchie étoit de longue durée, elle pourroit précipiter le genre humain dans un plus mauvais état que le premier. On a dit, l'*Europe ſauvage*, l'*Europe payenne*; on a dit, l'*Europe chrétienne*, peut-être diroit-on encore pis; mais il faut qu'on diſe enfin l'*Europe raiſonnable*.

Ce plan de philoſophie politique demanderoit, Monſieur, un philoſophe comme vous pour directeur. Que je travaillerois ¡avec plaiſir ſous votre puiſſant génie ! Vous marchez à grands pas par la force de vos raiſonnements; je tâcherois de vous ſuivre de loin, en montrant aux mortels étonnés

des faits, & en développant leur
hiftoire ignorée. Qu'il feroit à fou-
haiter que les philofophes concer-
taffent ainfi leurs démarches! Il y
a un certain ordre à mettre dans
les pas que fait la philofophie,
pour qu'elle les faffe avec utilité,
& que toutes fes inftructions fe
fecondent les unes les autres. Nous
avons quelques excellents livres
qui n'ont ;d'autres défauts que
d'avoir appris au monde des vérités anticipées fur le progrès naturel du commun des efprits, &
fur l'ordre des chofes : peut-être
eft-ce le défaut de votre ouvrage,
s'il y en a; je le foupçonne, fur
ce que vous préfentez le tableau
des erreurs de la métaphyfique &
de la morale, à des yeux, qui,
en général, ne font point encore

habitués à envisager le tableau des erreurs de l'histoire.

L'histoire est encore en enfance; elle est restée dans le cahos d'où on a eu le courage & l'adresse de retirer tous les arts & toutes les autres sciences ; & c'est cependant dans l'histoire que sont déposés tous l.s titres de la société & tous les monumens de ses égaremens.

Si vous remarquez, Monsieur, que le mépris & le ridicule où le progrès des études a fait tomber depuis un siecle toutes les légendes de nos églises & de nos saints, a été le premier coup qu'ait reçu la religion ou la superstition chrétienne, vous jugerez aisément par-là de quelle importance il est de débrouiller de plus en plus les faits généraux de l'hiſtoire du genre humain, & de conduire les hommes à reconnoître d'eux-mêmes, par le ſimple développement des événements, tout ce qui leur a été juſqu'ici donné, par une ſucceſſion continue & non interrompue d'erreurs humaines, d'impoſtures ſacerdotales, & des ſottiſes populaires.

L'eſprit réſiſte peu à la lumiere des faits. Lorſqu'on a reconnu la fauſſeté de la plupart de nos légendes, on les a abandonnées ſans bruit : l'illuſion tombe néceſſairement, lorſqu'elle n'a plus l'incertitude & l'ignorance pour point d'appui, ni la nuit du myſtere pour lui ſervir de relief. La ſeule vue de la ſuite de tous les faits ſera, je crois, de toutes les inſ tructions la plus puiſſante, & c'eſt enſuite qu'il ſera convenable & à propos de donner à l'homme étonné de nouveaux principes de conduite, qu'on pourra parler de morale & de raiſon avec lui, & qu'il écoutera enfin avec profit pour lui-même, & avec autant de reconnoiſſance pour ſes maîtres, qu'il leur témoigne aujourd'hui d'indocilité & d'ingratitude.

Je vous invite, Monſieur, à enviſager cet avenir avec complaiſance; & à ne pas douter du futur bonheur des ſociétés, c'eſt une conſolation digne du ſage perſécuté; il ſeme un grain très-lent à produire, il n'en a que la peine, les races futures en ont le fruit; mais puiſqu'il eſt capable de lire dans l'avenir , il ne peut jouir en quelque forte , & oublier ce préfent qu'on ne peut le plus fouvent envifager fans chagrin.

Voilà bien des paroles , & une bien longue lettre , pour confoler une ame forte qui fe fuffit à elle-même : mais je vous prie de me le pardonner ; on ne quitte pas aifément la plume quand on écrit à un philofophe tel que vous ; la bienféance fuffit à peine pour m'arrêter ; je m'imagine être & caufer avec vous , & tenter de vous fuivre dans vos méditations profondes. Arrêtons cependant ces faillies de l'efprit , pour faire place aux mouvements du cœur ; il doit vous exprimer combien je m'eftime heureux d'avoir le bonheur de vous connoître & de vous témoigne

les fentiments d'eſtime & de véné-
rations avec leſquels j'ai l'honneur
d'être, & je ferai toute ma vie,

MONSIEUR,

Votre très-humble & très-
obéiſſant ferviteur,

RECHERCHES

SUR L'ORIGINE

DU DESPOTISME..

SECTION I.

Différents sentiments sur l'origine du Despotisme.

LES Monarques de l'Orient nous font représentés comme les arbitres souverains du fort des peuples qu'ils gouvernent, & leurs sujets, comme des esclaves destinés dès leur naissance à porter le joug d'une humiliante & déplorable servitude. Si nous faisons passer devant nos yeux les histoires & les relations d'Asie, nous verrons avec étonnement que depuis une très-longue suite de siecles il n'y a point eu d'autres loix en ces climats que la volonté des princes, & qu'ils ont toujours

A

été regardés comme des dieux visibles, devant qui le reste de la terre anéantie devoit se prosterner en silence. De nos jours encore les voyageurs y sont souvent témoins des scenes tragiques & barbares que produit sans cesse cette constitution révoltante, qui fait qu'un seul est tout, & que le tout n'est rien.

C'est dans ces tristes régions que l'on voit l'homme sans volonté, baiser ses chaînes ; sans fortune assurée & sans propriété, adorer son tyran ; sans aucune connoissance de l'homme & de la raison, n'avoir d'autre vertu que la crainte ; &, ce qui est bien digne de notre surprise & de nos réflexions, c'est là que les hommes, portant la servitude jusqu'à l'héroïsme, sont insensibles sur leur propre existence, & bénissent avec une religieuse imbécillité le caprice féroce, qui souvent les prive de la vie ; seul bien qu'ils devroient posséder, sans doute, mais qui, selon la loi du prince, ne doit appartenir qu'à lui seul, pour en disposer comme il lui plaît.

Plus on a réfléchi sur les traits qui caractérisent les souverains & les peuples Asiatiques, plus on a desiré de connoître comment le genre humain, né libre, amoureux & jaloux à l'excès de sa liberté naturelle, sur-tout dans les siecles primitifs, a pu totalement oublier ses droits, ses privileges, & perdre ce bien précieux, qui fait tout le prix de son existence. Quels événemens ou quels motifs,

en effet, ont pu contraindre ou engager des
êtres doués de raison, à se rendre les instru-
ments muets & les objets insensibles des caprices d'un seul de leurs semblables ? Pourquoi
dans un climat tel que l'Asie, où la religion a
toujours eu tant de pouvoir sur les esprits,
pourquoi, dis-je, le genre humain y a-t-il,
par un concert unanime & continu, rejeté le
don le plus beau, le plus grand & le plus cher
qu'il ait reçu de la nature, & a-t-il renoncé
à la dignité qu'il tient de son créateur ? Cette
étrange disposition des esprits Asiatiques, &
cette malheureuse situation de la plus belle
partie du monde, ont extrêmement touché
dans tous les temps les philosophes, les historiens & les voyageurs ; il en est peu qui n'aient
essayé d'en donner quelques raisons, & d'en
chercher les sources, soit dans le moral, soit
dans le physique de ces climats, mais plus
encore dans leur seule imagination, dépour-
vue des connoissances nécessaires pour la solution & le développement d'un problême aussi
difficile qu'intéressant.

Quelques-uns ont pensé que pour parvenir
aux causes primitives de cette dégradation du
genre-humain, il falloit remonter à des siecles
sauvages, où les hommes errants & timides se
feroient soumis au plus fort, les uns de gré,
les autres ensuite par la force. Ceux qui ont
adopté ce sentiment, paroissent n'avoir point
fait attention, que c'est dans cet état de vio

A ij

ſauvage qu'une pareille révolution a dû le
moins arriver , puiſque c'eſt dans cet âge que
le prix de la liberté a dû être le plus connu &
le mieux ſenti ; elle étoit alors le ſeul bien du
genre humain : comment auroit-il pu s'en dé-
pouiller ? Elle eſt encore l'unique tréſor de
l'Amérique ; & pourroit-on nier que l'amour
que les Américains lui portent , ne ſoit la raiſon pour laquelle les tonnerres Européens qui
les ont effrayés , ne les ont néanmoins jamais
pu ſubjuguer ? L'on n'a fait d'eſclaves dans
cette vaſte contrée que des Mexicains & des
Péruviens , qui n'étoient déja plus des hommes
libres au temps de l'arrivée des Cortez & des
Pizzaro. Il eſt donc auſſi contraire à la raiſon
qu'à l'expérience de préſumer , que des nations
ſauvages aient pu , dans telle occaſion & pour
tel ſujet que ce puiſſe être , ſe ſoumettre de
plein gré à un ſeul. Il eſt encore bien moins
vraiſemblable que ce genre de gouvernement
ait pu s'établir chez de tels peuples par la
force. Quelles ſont les voies & les armes capables d'aſſujettir un homme qui eſt libre de
fuir , qui eſt dans l'uſage d'errer d'un lieu dans
un autre , & qui n'ayant que ſa liberté à con-
ſerver , a tant de facilité pour le faire ? *En
vain tu pourſuis les Scythes*, diſoit leur ambaſ-
ſadeur au plus grand conquérant du monde,
*je te défie de les atteindre : notre pauvreté ſera
oujours plus agile que tes armées.*

D'autres ont été chercher l'origine du deſpo-

tifine & fon établiffement chez des peuples
raifonnables & civilifés, que quelques ambi-
tieux trop heureux auront foumis par des
moyens violents, mais continus & toujours
foutenus par la terreur ; ce qui aura fait naître
l'efclavage, ou au moins en aura préparé le
joug & l'habitude. L'hiftoire fembleroit jufti-
fier ce fyftême ; mais fi l'on retrouve quelques
rapports entre les événements arrivés depuis
que ce cruel gouvernement eft né & a étendu
fes limites, on ne peut néanmoins y voir
qu'une fauffe conjecture, fi l'on effaie de
l'appliquer au defpotifme primitif. Le premier
homme qui a tenté de foumettre fes femblables,
a dû, chez des peuples civilifés, comme chez
des peuples fauvages, foulever les autres contre lui. Avant la conquête, il auroit fallu
lever une armée, qui n'eft qu'une fuite de la
conquête.

Le gouvernement domeftique des premiers
hommes a encore été regardé par plufieurs
politiques, comme le principe originel du
defpotifme. Un pere, chef de fa famille, en
eft, difent-ils, devenu le roi & le defpote, à
mefure que cette famille s'eft étendue, & que
fes branches multipliées autour du trône, ont
commencé à former un grand peuple ; mais
quand il feroit auffi certain qu'il l'eft peu,
que le pouvoir des peres dans les premiers
âges ait été un pouvoir abfolu fur leurs enfants,
les enfants devenus à leur tour des chefs de

A iij

familles particulieres , euffent eu , fans doute ,
le même droit qu'avoit eu leur pere commun ,
de préfider chacun dans leurs habitations. En
admettant ainfi le pouvoir paternel comme la
fource des autorités primitives , loin d'en voir
fortir ces grandes monarchies & ces grandes
fociétés régies par une même volonté , on n'a
dû voir qu'une multitude de petits centres &
de cercles ifolés les uns des autres , gouvernés
féparément fur le modele , mais non fur la loi
du cercle originel. Il eft vrai que leur fource
commune a dû produire entr'eux quelques
liaifons & quelques rapports. Je foupçonnerois
volontiers que c'eft à cette liaifon que quelques ariftocraties , par la fuite des temps , auront dû leur origine. Le pouvoir paternel ,
devenu compofé & comme dépendant de la
fociété par le progrès des familles , a dû néceffairement y donner lieu : mais je ne vois
point la fource du pouvoir arbitraire & fans
bornes. Comment d'ailleurs l'autorité pater-
nelle , qui reconnoit les loix de la nature ,
auroit-elle pu produire le defpotifme qui n'en
reconnoit point ?

Plufieurs ont encore été chercher les caufes
fecrettes de ce gouvernement dans les difpofi-
tions naturelles que les peuples femblent avoir
reçu de leurs climats , qui les rendent plus
ou moins propres à connoître le prix de leur
exiftence , & plus ou moins vifs fur leurs intérêts. L'hiftoire nous montre l'Europe toujours

brave, toujours jalouse de sa liberté; elle nous fait voir au contraire l'Asie plongée en tout temps dans l'indolence & la servitude. Il a paru naturel d'attribuer aux climats des rapports aussi constants & aussi suivis; l'uniformité du caractere des diverses nations qui se sont succédées de siecle en siecle dans ces deux parties du monde, paroissant confirmer cette idée, a fait aussi penser que le climat de l'une produisoit des hommes libres, & que le climat de l'autre ne pouvoit produire que des esclaves.

Quoique l'expérience & une multitude de faits semblent de plus en plus autoriser & justifier ce sentiment, il seroit peu raisonnable de regarder la nature du sol ou de la température de l'Asie comme l'unique cause de la servitude qui y regne & qui y a toujours régné : ce seroit tout accorder au physique, aux dépens d'une infinité de causes morales & politiques, qui ont pu y concourir, ce seroit attribuer à un seul ressort, que l'on prétend connoître, tous les effets d'une machine qui peut & doit avoir plusieurs autres mobiles qu'on a peut-être négligé d'examiner. Tel que soit le pouvoir des climats sur les divers habitants de la terre, nous pouvons être certains, par exemple, qu'il n'y a aucune action physique qui puisse éteindre dans l'homme le sentiment naturel de ses plus chers intérêts, à moins que l'éducation & les préjugés

n'y cooperent, en ne lui préfentant dès l'enfance que de faux principes fur fon bonheur
réel & fur fes vrais devoirs. Tout fait fentir
au jeune Afiatique qu'il eft efclave & qu'il
doit l'être ; tout apprend à l'Européen qu'il eft
raifonnable , & l'Américain voit qu'il eft libre.

Voilà fans doute, quel eft le grand reffort
qui feconde l'action des climats & la véritable
caufe des diverfités que nous voyons dans le
genre de vie, dans la façon de penfer & dans
le gouvernement de toutes les nations. Echan-
geons leurs principes, & nous pouvons être
fûrs qu'indépendamment de toute la vertu &
de toute l'influence de leur climat, nous verrons la liberté dans l'Afie, la raifon dans l'A-
mérique & l'efclavage dans l'Europe. Les difficultés qu'on rencontreroit en faifant cet
échange, feroient vraifemblablement en raifon
de la force du phyfique de chaque lieu ; il
faudroit, fuivant les climats, plus ou moins de
temps, ou plus ou moins de peine ; mais à la
fin l'éducation feroit certainement, victorieufe.

L'Afie peut nous fournir la preuve de ce que
je viens d'avancer fur l'infuffifance de l'action
des climats, lorfque cette action n'eft point
combinée avec les préjugés des hommes. Cette
partie du monde eft trop vafte & trop étendue
pour avoir par-tout le même ciel, la même
zône & la même température ; on ne voit
néanmoins aucune modification dans les pré-
ugés qui y regnent, & malgré toutes les

variétés du sol, 'une cause secrette lui fait subir par-tout une même loi ; le Nord comme le Midi, l'Orient comme l'Occident de cette immense région, n'obéissent qu'à des despotes, & ne reconnoissent d'autre loi que la volonté de leurs souverains. Il doit donc nécessairement y avoir dans l'Asie des contrées où le despotisme ne doit rien au climat où il regne ; il y doit tout à l'habitude & aux préjugés de ses esclaves. L'Amérique produiroit aussi de semblables objections aux physiciens politiques : elle contenoit deux grands états despotiques, environnés de nations libres & vagabondes. Il en est de même de l'Afrique, où l'on voit un mélange bisarre de peuples soumis à de grands & de petits despotes, & de barbares errants dans les déserts.

Je n'accumulerai point ici, contre ces prétendues influences du ciel & de la terre, une multitude d'autres réflexions, qu'une saine philosophie & le sentiment naturel sont capables de présenter à tous les hommes ; il en résulteroit toujours que l'état des nations & leurs divers gouvernements dépendent essentiellement de leurs préjugés. Cessons donc de nous arrêter sur des systèmes faux en eux-mêmes ou du moins incomplets ; abandonnons des recherches peu heureuses jusqu'ici, & n'ayons plus recours à des chimeres physiques & politiques pour expliquer les erreurs humaines, car le despotisme en est une.

A v

SECTION II.

Route qu'il faut suivre pour parvenir aux véritables sources du Despotisme.

LE despotisme est une erreur, & une suite des erreurs du genre humain ; ainsi ce n'est point dans la physique de chaque lieu, ni par le secours d'aucun systême philosophique, qu'il en faut chercher la source, pour la montrer aux hommes, & pour les instruire. C'est à des faits qu'il faut recourir ; c'est sur eux qu'il faut appuyer des preuves qui soient elles-mêmes des faits : ce sont les détails : & les usages, ce sont toutes les coutumes de ce gouvernement qu'il faut étudier, rapprocher & concilier les unes avec les autres & avec la grande chaîne des erreurs humaines, pour en connoître l'esprit & pour parvenir ensuite aux véritables points de vue qu'ont eu primitivement ces usages & ces coutumes. C'est en suivant cette route, à l'aide de toutes les connoissances que j'ai tâché d'acquérir sur l'histoire de la nature, que je crois être enfin parvenu à découvrir quelle est la véritable origine du despotisme : il m'a semblé qu'il ne s'étoit point établi sur la terre, ni de gré, ni

de force ; mais qu'il n'avoit été dans son origine
qu'une triste suite & une conséquence presque
naturelle du genre de gouvernement que les
hommes s'étoient donné dans les siecles extrêmement reculés, lorsqu'ils prirent pour modele le gouvernement de l'univers, régi par
l'Etre suprême ; projet magnifique, mais fatal,
qui a précipité toutes les nations dans l'idolâtrie & dans l'esclavage, parce qu'une multitude de suppositions qu'il a fallu faire, ont
ensuite été regardées comme des principes
certains ; & qu'alors les hommes perdant de
vue ce qui devoit être le vrai mobile de leur
conduite ici-bas, ont été chercher des mobiles surnaturels, qui, n'étant point faits pour
la terre, les ont trompés & les ont rendu
malheureux.

Avant de nous engager dans la carriere qui
m'a conduit à cette découverte, il sera nécessaire de faire connoître quelles ont été les
circonstances qui ont porté les sociétés à concevoir une idée si haute & si sublime. Nous
examinerons ensuite quel a été ce genre de
gouvernement qu'elles avoient choisi & établi;
nous le chercherons dans l'histoire ; nous étu-
dierons ses coutumes & ses usages, & nous
verrons découler de cet examen une multitude
de connoissances inattendues, qui nous ap-
prendront comment ce point de vue primitif si
beau, & qui paroît si digne de créatures pensantes, s'est changé en un desert rempli d'hor-

A vj

reurs & de miseres; nous découvrirons quels
sont les maux qui sont sortis d'un plan qui
n'avoit eu pour objet que le bonheur du genre
humain , & nous appercevrons enfin comment
les hommes ont été avilis & dégradés par les
conséquences d'un principe qui les couvre de
gloire.

L'alliance étroite & funeste, que j'ai trouvée
entre l'idolâtrie & le despotisme , augmentera
l'horreur que doit nous causer cet odieux
gouvernement ; mais elle nous obligera aussi
d'en examiner l'origine , parce qu'elle fait une
partie essentielle de son histoire. Je ne rappellerai point les différents systêmes qu'ont imaginé les anciens & les modernes sur les sources
de ce culte insensé de nos peres. Je marcherai
vers l'idolâtrie comme vers le despotisme , par
une route qui n'a pas encore été frayée, &
j'arriverai à leurs sources , sans m'embarrasser
des hypotheses , des conjectures & des préventions de ceux qui m'ont précédé.

Je ne pourrai point développer ces importantes anecdotes de l'esprit humain , sans lui
présenter le tableau de ses erreurs, perspective
humiliante en elle-même , & quelquefois dan-
gereuse par les suites. S'il y a cependant quelque danger à le faire , ce ne peut être que dans
la façon de s'y prendre ; ce seroit en ne lui pré-
sentant ce tableau que pour l'avilir & le dégrader, que pour lui faire des reproches amers
& infructueux , & pour achever de lui ôter

le peu de confiance qui lui reſte en ſa raiſon ,
dont une morale myſtique n'a déja que trop
affoibli le reſſort Il y auroit du danger ſans
doute à n'inſtruire l'homme de ſes égaremens
qu'en philoſophe auſtere , & en ennemi du
genre humain ; ce ſeroit le porter au déſeſpoir,
& le réduire à la condition des bêtes. Ce n'eſt
point là l'objet de cette philoſophie bienfaiſante
& éclairée qui fait la gloire de notre ſiecle , &
dont je cherche à ſuivre l'eſprit : auſſi éloignée
de tous ſentimens extrêmes qu'amie du vrai,
elle ſait prendre le milieu entre le faux ſublime
de la ſuperſtition , lorſqu'elle prétend porter
l'homme au-deſſus de ſa ſphere & le Stoïciſme
atrabilaire & ſauvage , qui quoiqu'ennemi du
fanatiſme en eſt un lui-même ; il eſt auſſi capable que lui d'égarer l'homme , parce qu'il
ne lui donne que des leçons propres à méconnoître ſa nature , ſon état & ſes devoirs ici-
bas. La ſaine philoſophie évite ces écueils ;
elle ſait ramener l'homme à lui-même & le
conſoler de ſes égaremens. Lorſqu'elle apprend aux habitans de notre planete qu'ils
ſe ſont trompés , ce n'eſt point pour leur per-
ſuader qu'ils n'ont point de raiſon ou qu'ils
doivent la craindre , c'eſt pour leur faire remarquer qu'ils n'en ont point toujours fait un
uſage convenable. Cet avertiſſement porte toujours avec lui ſon inſtruction ; car ſur telle
partie de leurs uſages ou de leurs opinions
qu'il puiſſe tomber , il ſuffit de rappeller avec

douceur l'esprit de l'homme à la raison, pour
tôt ou tard y remener ses pas : il n'est point
d'erreurs qui ne lui soient nuisibles. Ce même
avertissement procure ensuite une vraie consolation ; l'instruction qu'il renferme en est une
pour la raison, naturellement amie de la vérité, & pour laquelle elle a toujours un penchant invincible.

Il est encore un autre point de vue utile &
consolant, que la vraie philosophie ne néglige
point de faire appercevoir aux mêmes dans le
tableau même de leurs erreurs ; elle leur montre qu'il n'y a point de fausses opinions, point
de préjugés, point de traditions ridicules ou
d'usages corrompus, qui n'aient eu dans leur
origine quelque excellente vérité pour base, &
souvent même quelques principes qui font
honneur à l'humanité : d'où il arrive que l'historique de ces erreurs en devient la meilleure
preuve ; alors le courage de l'homme se releve,
la confiance qu'il étoit prêt de ne plus avoir en
sa raison, se ranime ; il apprend que ce n'est
ni l'abus qu'il en a fait, ni son orgueil, qui
ont produit ses chûtes ; qu'elles viennent de
ce qu'il a cessé de faire usage de sa raison, &
de ce qu'il ne l'a point assez estimée ; il reconnoît que s'il est tombé dans toutes sortes de
désordres, ce n'a point été parce que sa nature
a dégénéré & s'est infectée d'une prétendue
corruption, mais parce qu'il a trop respecté
les instructions de ses peres, sans se défier du

temps qui corrompt les meilleures choses ; parce qu'il ne s'est point apperçu des altérations qui les ont insensiblement changées ; parce qu'il a continué de les respecter aveuglément, en cessant de penser & de réfléchir par lui-même ; enfin parce qu'il s'est imaginé toujours suivre les loix & les usages de ses ancêtres, lorsqu'il n'en suivoit plus que le spectre & le fantôme.

C'est en mettant cet important point de vue dans tout son jour, qu'il ne peut y avoir aucun danger d'offrir aux hommes la peinture & l'histoire de leurs erreurs ; en les faisant ressouvenir de leur raison, on ne peut que les rendre meilleurs & plus heureux. En détruisant une foule de faux principes & de faux mobiles, qui tantôt les élèvent trop, & tantôt les rabaissent au-dessous d'eux-mêmes, on ne peut qu'écarter l'incertitude de leur état, & les ramener aux véritables connoissances de leurs intérêts & de leurs devoirs. Puisse le genre humain, que j'aime & que je respecte, parce que la nature m'y porte & que la raison me l'ordonne, profiter un jour de toutes les instructions & des consolations que mon ouvrage pourra lui fournir ! c'est à lui que je le consacre, bien plus qu'à mes concitoyens dont il est de mon devoir de ménager la foiblesse.

SECTION III.

Les anciennes révolutions de la Nature font les sources innocentes de toutes les erreurs humaines.

NOUS sommes tous les jours les témoins de la facilité avec laquelle un homme, rendu à la tranquillité, perd le souvenir des maux qu'il a soufferts, & de l'ardeur avec laquelle il s'occupe à réparer ses anciennes miseres. Nous remarquons même souvent qu'un rayon de joie & de contentement suffit pour suspendre nos peines, que nous sommes alors disposés à ne plus regarder que comme de mauvais songes. Il en a été de même du genre humain ; après avoir été presque entièrement exterminé par les anciennes révolutions de la nature, il a tout oublié ; & lorsque le repos lui fut rendu, il n'a songé qu'à réparer ses pertes.

Les siecles ont vu de temps déplorables, où l'ordre de la nature, troublé & renversé, a précipité tous les êtres de notre globe dans des calamités sans nombre. Le monde a perdu sa lumiere ; la marche du soleil & des planetes s'est altérée ; les continents que nous habitons ont des scenes mouvantes, où les incendies, les inondations, les tremblements & les ténebres ont régné tour à tour, & sur lesquels les mers, les fleuves & les rivieres, tantôt débordées, tantôt desséchées, ont produit mille fléaux successifs, qui ont désolé le genre humain.

Il a été des temps où l'homme s'est regardé comme l'objet de la haine & de la vengeance de toute la nature irritée ; toutes les sociétés ont été rompues ; les hommes ont été obligés d'errer à l'ayenture sur les ruines du monde, au gré de tous les fléaux qui sembloient les poursuivre ; ils étoient alors sans secours, sans subsistance & sans consolation ; retirés dans les montagnes, elles s'écrouloient sous leurs pieds, fugitifs dans les plaines, les eaux venoient les submerger ; cachés dans les antres & les cavernes, ils y étoient ensevelis tous vivants ; enfin toujours errants, toujours cherchant de nouveaux climats & de nouveaux afiles, par-tout ils étoient persécutés.

Les monuments naturels qui restent par tout le monde de ces anciennes & effroyables catastrophes, sont aujourd'hui & depuis une infinité de siecles, méconnus de presque tous les habitants de la terre : ce n'est qu'un petit nombre de physiciens & de philosophes, qui, depuis un siecle tout au plus, commencent à y lire l'histoire ancienne de la nature

& du genre humain. * Mais tout ce qu'ils y
voient n'est encore considéré de la plupart que
comme des objets plus amusants & plus frivoles qu'instructifs & intéressants. Les sublimes
anecdotes de la nature, gravées par toute la
terre en caractères ineffaçables, & faits pour
toutes les langues, ne sont regardées que
comme des songes & des chimeres, par le
vulgaire prévenu, qui ne veut ni voir ni penser
par lui-même.

Si l'on a méconnu les monuments naturels
de ces grands événements, l'on a encore plus
méconnu les monuments historiques ; l'on a
négligé de maintenir & de conserver les usages,
les coutumes & les institutions civiles & religieuses que les anciens peuples avoient établies, pour perpétuer à jamais le souvenir des
malheurs du monde, & pour instruire les
races futures de son inconstance & de sa fragilité. Il est pourtant vrai qu'il y a peu de nations
qui n'aient conservé à ce sujet quelques traditions confuses ; quelques-unes même ont des
livres d'une très-haute antiquité, qui semblent
nous apprendre tout ce qu'il est possible
de savoir sur cette partie de l'histoire du monde
& nous en désigner précisément le temps & la

---

* Voyez Tellramed, l'Hist. Nat. de M. de Buffon,
Tome I. La préface du Tome III. des Oeuvres de
M. Lehmann, &c.

durée. Mais tout ce que ces traditions & ces prétendues hiftoires, que chaque peuple revere comme facrées, nous ont tranfmis fur les révolutions de la t_rre, ne nous préfente que des veftiges foibles, tronqués, mutilés & corrompus; les progrès, les effets & les fuites de ces événements n'y font que des fables; on n'y remarque aucuns détails qui foient conformes aux mouvements de la nature, & analogues à la multitude & à la variété des phénomenes & des accidents, qui ont été fans nombre dans le ciel & fur la terre. Il n'y a pas un feul de ces livres, dans lefquels on prétend faire voir aux hommes l'hiftoire de leur origine, qui ait infifté fur cette fameufe époque, comme fur la caufe & la fource des loix, des coutumes, des gouvernements & des religions. Ils gardent tous un profond filence fur les impreffions que les malheurs du monde ont faites fur les hommes, auffi-bien que fur les fuites bonnes ou mauvaifes qu'ont eu ces mêmes impreffions.

Le déluge univerfel qui fubmergea le genre humain, fuivant les annales des Hébreux, y paroît avoir moins de fuites que n'en avoit chez les Romains une inondation du Tibre; c'eft un fait ifolé, auffi-tôt oublié que raconté, & qui ne tient plus à aucun des événements des fiecles qui ont fuivi; ce font cependant les révolutions de la nature, qui, après avoir détruit les nations, ont enfuite été les vrais

légiflateurs des fociétés renouvellées ; ce font
elles, qui, après avoir rendu les nations auffi
religieufes qu'elles avoient été miférables,
font par la fuite devenues la matiere, l'objet
& la caufe innocente de toutes les fables, de
tous les romans de l'antiquité, de toutes les
erreurs politiques & religieufes, qui ont fé-
duit l'efprit de l'homme, & de toutes les
opinions qui ont produit fes malheurs & fa
honte.

Ce fera donc l'homme échappé de la ruine
du monde, que nous allons confidérer &
étudier ; nous réfoudrons par-là une infinité
de problêmes qui concernent l'homme actuel
& le genre humain depuis les temps connus. Ce
ne fera point un fauvage, un être métaphyfique, ou cette créature créée parfaite & qui
s'eft corrompue, chimere dont tant de docteurs & de favants fe font vainement occupés ;
ce fera un être réel, que nous examinerons
dans un état réel : en le fuivant pas à pas, à
mefure qu'il s'écartera de cette époque, il ne
nous menera point à des conjectures folitaires,
& qui ne tiendront à rien, mais à une route
immenfe, où toutes les parties de la fable &
de l'hiftoire viendront aboutir, s'éclaireront
les unes par les autres, & fe rangeant d'elles-
mêmes dans l'ordre convenable, expoferont à
nos yeux la véritable chaîne des annales du
monde moral & politique.

Je ne parle ici, & je ne parlerai dans cet

ouvrage que des temps qui ont fuivi ceux qui
ont donné à l'univers la difpofition qu'il a pré-
fentement, & que nous lui connoiffons depuis
un grand nombre de fiecles. A l'égard des
temps qui les ont précédés, ils font pour moi
comme s'ils n'euffent jamais été ; bien qu'ils
aient exifté, ils ont été fi obfcurs, même pour
l'antiquité la plus reculée, que la plupart des
peuples anciens fe font imaginé voir la création
& la naiffance de toutes chofes dans les anecdotes déja corrompues de ce qui n'étoit que
le renouvellement du monde ; erreur groffiere,
qui en a fait naître une infinité d'autres,
comme nous le verrons dans le cours de
cet ouvrage.

SECTION IV.

Impreffions que les malheurs du monde
ont dû faire fur les hommes.

MALGRÉ l'obfcurité dans laquelle il paroît
que nous devons néceffairement tomber en
franchiffant les bornes hiftoriques, nous ne
manquerons pourtant point de flambeaux &
de guides fûrs en cherchant au-delà, c'eft-à-
dire, en fouillant dans les efpaces ténébreux,
que le plus grand nombre regarde comme

imaginaires . où nous trouverons des faits naturels, & des inftitutions humaines. Pour éclaircir le vrai tombé dans les ténebres, & pour y faire rentrer à leur tour toutes les chimeres facrées auxquelles l'ignorance & l'impofture ont donné l'exiftence, il fuffira de nous tranfporter un inftant au milieu des anciens témoins des calamités du monde , d'examiner comment ils en étoient alors affectés , de remarquer les impreffions naturelles que ces défaftres devoient produire en eux , & les fentiments dont ils devoient être pénétrés ; nous appliquerons enfuite ces mêmes fentiments & les fuites naturelles de ces impreffions à tous les ufages de l'antiquité, c'eft-à dire, à la police & aux loix anciennes, à tous les cultes, à tous les gouvernements, enfin à toute la conduite & à toutes les opinions du genre humain, dans tous les fiecles que nous pouvons connoître. Tel va être le moyen avec lequel nous réfoudrons facilement une multitude d'énigmes & de problêmes ; leur folution offrira de nouvelles fciences au monde , & dévoilera à nos yeux furpris une antiquité toute nouvelle.

Avant d'entrer dans cet examen , je dois prévenir que l'on doit bien fe garder d'imaginer que le genre humain , dans les temps où nous voulons l'étudier , & comme le furprendre , ait été différent du genre humain d'aujourd'hui ; c'eft une erreur dont il faut fe défaire.

Six ou sept mille ans d'intervalle, que l'on met communément entre les premiers hommes connus & ceux de notre âge, ont fait supposer à un grand nombre de savants qu'il pouvoit & qu'il devoit y avoir entr'eux & nous des différences très-marquées. Il est arrivé de-là que dans les questions philosophiques qui les ont concernés, nous avons été portés à en augmenter les difficultés en raison de l'éloignement des temps, & que nous les avons réellement augmentées, parce que nous nous sommes écartés de nous-mêmes, qui ressemblons à nos peres, comme nos peres nous ressembloient ; toute la différence qu'il doit y avoir entr'eux & nous, ne consiste que dans quelques inventions & dans quelques connoissances que nous avons acquises depuis eux ; à l'égard de certains sentiments ou préjugés naturels, & de certaines idées qui sont presque identifiées avec l'esprit & le caractere de l'homme, & qui le saisissent malgré lui en de certaines occasions, nous devons être sûrs que les anciens ont été les mêmes que nous ; ils ont pensé, ils ont senti comme nous, & comme nos neveux penseront & sentiront dans des milliers de siecles, s'ils se trouvent dans des circonstances propres à faire naître ou à réveiller ces idées & ces sentiments.

Actuellement prévenus de cette ressemblance, pour nous tracer une image des impressions qu'ont faites les malheurs du monde sur ceux

qui en ont été les témoins, il doit nous être
égal de nous transporter au milieu d'eux, en
nous repliant sur nous-mêmes, ou de supposer
que ces malheurs arrivent de nos jours, &
que nous sommes témoins de toutes les mêmes
calamités qui ont autrefois ravagé l'univers,
& presque anéanti le genre humain.

Que penserions-nous donc, si le soleil éteint
cessoit de donner sa lumiere? si les forces
exalsées de la nature changeoient son harmonie
en un nouveau cahos? si les mers inondoient
les terres? si les terres se soulevoient contre
elles? Que dirions-nous si des milliers de vol-
cans s'embrasoient de toutes parts? si le feu,
le souphre, le bitume s'élançoient par torrens
du sein des montagnes? si la plupart des con-
tinens brisés s'enfonçoient sous nos pieds?
Que penseroit enfin le genre-humain d'aujour-
d'hui s'il se trouvoit au milieu de tant de fléaux
& de tant de désolations? Il ne faut pas beaucoup de philosophie & de métaphysique pour
le deviner. Il croiroit être à la fin du monde;
il s'imagineroit être au jour de la justice & de
la vengeance; il s'attendroit à chaque instant
à voir le Juge suprême venir demander compte
à l'Univers, & prononcer ces redoutables
arrêts que les méchants ont toujours craints,
& que les justes ont toujours attendus. Tels
sont les sentiments dont on seroit alors saisi
& occupé. Ces dogmes sacrés de la fin du
Monde, du Jugement dernier, du grand
juge,

Juge , & de la vie future , ſe retraceroient avec force à notre eſprit , & affecteroient profondément & généralement tous les habitants & toutes les Nations de la Terre. Ces mêmes dogmes affecteront un jour nos neveux , s'ils ſe trouvent dans ſes fatales circonſtances : ce ſont eux qui ont affecté pareillement nos peres, quand ils ont vu ceſſer la primitive harmonie de l'Univers.

On trouvera peut-être ces idées ou trop ſimples ou trop compoſées pour le tems où je viens de me tranſporter. On voudroit ſans doute que je pénétraſſe dans l'eſprit humain , pour y chercher comment ces idées ont pu y naître une premiere fois : c'eſt un travail que je laiſſe à d'autres ; ils peuvent philoſopher tout à leur aiſe ſur les opinions de ces inſtants de terreur , qui ne ſont point ceux de la philoſophie. Il me ſuffit ici de ſavoir que ce ſont ces dogmes qui ont vivement agi ſur l'eſprit & ſur le cœur des hommes , dans toutes les ſituations extrêmes de la nature. Paſſons aux ſuites bonnes & mauvaiſes qu'ont eu ces impreſſions.

SECTION V.

Premiers effets des impressions des mal-
heurs du monde sur la religion & sur
le gouvernement des hommes.

IL faudroit peu connoître les hommes,
pour douter que dans des temps aussi malheureux, & dans les premiers âges qui les
ont suivis, ils n'ayent été très-religieux, &
que ces calamités ne lui ayent alors tenu
lieu de missionnaires sevères & de puissants
législateurs, qui auront tourné ses vûes du
côté du Ciel, du côté de la religion, & du
côté de la morale. Cette multitude d'institutions austères & ridige dont on trouve de si
beaux vestiges dans l'histoire de tous les peuples fameux par leur antiquité, procède vraisemblablement de cette source : il en doit être
de même de leur police. C'est sans doute à la
suite de ces temps déplorables qui avoient réduit l'espèce humaine, renversé son séjour,
& détruit sa substance, qu'ont dû être faits
ces réglements admirables, que nous trouvons
chez les anciens peuples, sur l'agriculture,
sur le travail & d'industrie, sur la population,
sur l'éducation, & sur tout ce qui concerne
l'œconomie civile & domestique.

Ce fut sans doute alors que l'unité de principe, d'objet & d'action, s'étant ranimée parmi les mortels réduits à un petit nombre & pressés des mêmes besoins, les premieres loix domestiques devinrent la base, ou pour mieux dire, les seules loix des sociétés, ainsi que nous le prouvent toutes les anciennes législations. Comme la guerre forme des Généraux & des soldats, comme les troubles & les agitations forment de grands Orateurs, de même les maux extrêmes du genre-humain, & la grandeur de sa misere & de ses nécessités, ont donné lieu aux loix les plus simples & les plus sages, & à toutes les législations primitives, qui ont eu principalement pour objet le vrai & le seul bien de l'humanité. Dans ces momens critiques, l'homme devenu sage & raisonnable par ses malheurs, ne s'est point conduit par la coutume, comme il pouvoit faire auparavant, ou comme nous faisons aujourd'hui ; il a été forcé de réfléchir & de penser par lui-même, & de pourvoir à son bonheur par les institutions les plus solides & les plus utiles.

C'est à ces anciennes loix, fruits heureux des malheurs du monde, que les Chinois & les Egyptiens ont dû le nom de *Sages*, qui leur a été donné par toutes les nations anciennes & modernes. Nous ne devons point croire, cependant, qu'ils ayent été les seuls qui se soient alors prescrit une police & des loix ; c'est vraisemblablement parce qu'ils les ont plus long-

B ij

tems confervées que les autres Peuples , &
qu'ils ont foutenu avec plus de refpeck & de
foin l'édifice de la légiflation primitive , ainfi
que leur hiftoire nous le confirme. Peut-être
pourroit-on regarder le rare & fingulier privilége des Chinois & des Egyptiens comme un
indice que l'un ou l'autre de ces deux peuples
a été la tige commune des nations , depuis le
renouvellement du monde. Une foule d'anecdotes hiftoriques , de fimilitudes & de conve-
nances , y ont déja porté quelques Ecrivains
plus hardis que les autres ; mais plufieurs motifs auffi forts & auffi folides que les leurs
m'ont obligé de fufpendre mon jugement.

Il eft difficile , par exemple , de fe perfuader
que , quelle grande qu'ait été autrefois la def-
truction de l'efpèce humaine , il ne s'en foit
échappé qu'une fociété , & en un feul lieu de
la Terre ; ces événemens deftruccurs, tels que
nous devons raifonnablement les concevoir ,
fans avoir égard aux préjugés reçus , ont dû
épargner dans prefque tous les climats quelques-uns de leurs anciens habitans, fur-tout
dans les régions élevées, qui ont dû être les
refuges & les berceaux des fociétés renouvellées , bien plutôt que les contrées baffes de
la Chine, de l'Egypte ou de l'Affyrie. Je pourrois réunir diverfes preuves que les hommes
ont demeuré long-tems dans les montagnes
après ces événemens , & que plufieurs fociétés
qui fe font rencontrées par la fuite ne fe de-

voient rien l'une à l'autre dans leur origine.
Mais fans nous écarter de cette recherche, le
titre d'*Autochtone* (mere d'elle-même) dont
toutes les nations anciennes étoient si jaloufes,
fuffit pour nous donner à penfer ; & je regarde
encore comme une très forte preuve de la
multiplicité des témoins des révolutions arrivées à la Terre, la diverfité même des traditions fur le déluge, dans chacune defquelles
j'ai très-fouvent remarqué des détails & des
anecdotes qui ont un rapport évident au local
& au phyfique des lieux qui les ont confervées.

D'après cette remarque, l'état de la Chine &
de l'Egypte pourroit nous faire foupçonner
que ces divers débris des Nations primitives
difperfées en différentes régions, n'ont point
tous eu la même fagacité à pourvoir à leurs
befoins ; mais c'eft ce qui me paroît encore
difficile d'admettre, n'y ayant point de peuple fur la Terre, qui, dans un degré inférieur
à la vérité aux Chinois & aux Egyptiens, ne
puiffe nous montrer des reftes de fes anciennes
inftitutions. Je n'en excepte pas même les Sauvages de l'Amérique, ainfi qu'on le verra dans
la fuite de cet ouvrage. Comme les malheurs
du Monde avoient été communs & généraux,
tous les peuples de la Terre ont dû être vivement intéreffés à y remédier ; & quoique fé-
parés, ils ont dû le faire par des moyens affez
femblables, parce que les fentimens & les

besoins devroient être aussi uniformes que les maux qui les avoient fait naître.

Cette considération m'a paru très-propre à rendre raison des similitudes que l'histoire nous fait remarquer entre des peuples très-différens & très éloignés, auxquels sans cela il faudroit nécessairement accorder une commune origine, en franchissant beaucoup d'autres difficultés historiques & physiques. Si cependant les Egyptiens & les Chinois ont eu par la conservation de leur législation primitive une distinction particuliere, cette exception ne doit point nous surprendre ici, si nous nous rappellons que l'amour qu'ils ont eu pour les loix de leurs ancêtres les avoit portés dès la plus haute antiquité à fermer l'entrée de leurs Etats à tous les étrangers, & que leur situation a beaucoup favorisé la manutention de cette loi conservatrice de toutes les autres.

Cette même remarque nous découvre en même tems les causes de la destruction de l'ancienne législation, ou de sa corruption dans toutes les autres contrées qui n'ont point eu une loi de barriere semblable, ou qui n'ont pû, à cause de leur situation, la maintenir aussi long-tems, & résister aux colonies, aux invasions & aux guerres, qui par la suite ont changé la face de la terre & le sort de Nations. J'ai tout le lieu de croire que cette loi contre le commerce du dehors a été presque générale dans son origine. Les mots d'étrangers &

d'ennemis ont été très long-temps synomines chez plusieurs peuples de l'Asie & de l'Europe. La barbare coutume de sacrifier les étrangers n'a guères pû provenir que de cette loi sévère, qui a dû être universelle, puisque le cruel abus qu'on en a fait se trouve chez tous les peuples. Cette loi de barriere n'a point fait partie de la premiere législation, puisqu'elle étoit contraire à son esprit général ; nous verrons quel en a été l'esprit & la cause.

Quoi qu'il en soit, nous trouverons les traces des institutions du monde renouvellé, sur tel siecle & sur tel climat que nous jettions les yeux. Les Etrusques, les Phrygiens, les Hébreux & les Perses sur-tout, en avoient conservé des restes précieux. Il n'est point de nation dans l'Asie moderne qui ne puisse encore nous en montrer quelque vestige. Les Péruviens & les Méxicains, au temps où on les a découverts & détruits avoient des loix & des usages qui ne devoient avoir d'autre date que celle de la législation primitive ; & ce que ces Américains ont eu de particulier, c'est qu'ils étoient plus en état alors d'expliquer les vrais motifs de ces usages, que les Hébreux, les Grecs & les Romains, qui en avoient de semblables, & qui ne les ont interpretés que par des fables & des mensonges ; nous en verrons plusieurs exemples très-remarquables.

Pour terminer cette section par une observation non moins singuliere, je préviendrai que dans l'étude qu'on pourra bien recommencer un jour de toute l'histoire ancienne, la véritable mesure de l'antiquité, de tous les peuples & de leurs loix civiles & religieuses, ne sera plus celle de leur chronologie, mais une mesure morale, qui sera toujours proportionnée aux restes plus ou moins nombreux & plus ou moins purs qu'on y trouvera de la législation du monde renouvellé. Plus le tableau des nations s'est étendu & détaillé à mes yeux, & plus je me suis apperçu, qu'il ne faut plus juger de leur antiquité par leurs histoires, mais par leurs coutumes. J'ai vû que les coutumes appartenoient aux peuples, & que les histoires n'appartenoient qu'aux particuliers ignorants & menteurs qui les avoient faites. Le gouvernement Chinois, par exemple, en se conduisant encore aujourd'hui avec cet esprit d'émulation & d'économie qui anima les tristes & malheureuses familles autrefois échappées du bouleversement de la terre, nous présente par-là le véritable sceau de sa profonde antiquité. Ce ne sont point ses Dynasties & ses prodigieuses annales, par lesquelles il en faudra dorénavant juger; ces prétendus titres ne contiennent que des fables mythologiques. Il en est de même de tous les autres peuples qui ont vanté leurs archives civiles & sacrées.

SECTION VI.

Principes des premieres inſtitutions reli-
gieuſes, & erreurs qui ſont ſorties de
l'abus qu'on en a fait.

APRÈS que la fermentation de la terre fut
calmée, & que les débris du genre-humain ſe furent aſſemblés en diverſes contrées
pour former de nouvelles ſociétés, & s'aider
réciproquement à ſupporter leurs maux & à
pourvoir à leurs beſoins, les hommes ayant
devant les yeux le grand ſpectacle de l'univers détruit & rétabli, & dans le fond de
leurs cœurs tous les dogmes ſacrés qui étoient
inſéparables de ce ſpectacle, établirent une
religion, dont les principaux motifs furent
une reconnoiſſance infinie envers l'être ſuprême qui les avoit ſauvés, & le déſir d'en
inſtruire toutes les races futures.

Pour perpétuer la mémoire des révolutions
arrivées, on inſtitua des fêtes commé.nora-
tives, capables par les détails qu'elles repréſentoient, d'entretenir ſans ceſſe les nations
de la fragilité de leur ſéjour, & de les avertir,
par le tableau des viciſſitudes à venir. Les jugements que Dieu avoit exercés ſur la terre, y

B v

étoient repréſentés en même-temps comme
des leçons ſur les jugements qu'il exerceroit
un jour, & le ſouvenir des incendies paſſés
devint auſſi le preſſentiment des incendies futurs. C'eſt de-là que procéde ce dogme univerſel de l'attente de la fin du monde par le
feu ; dogme connu & reçu de la plus haute
antiquité. Les Hébreux & les docteurs orientaux en faiſoient remonter l'origine à Adam,
à Seth, & aux premiers Patriarches; ce qui
prouve que dans les plus anciens temps connus il étoit déjà arrivé des embraſements qui
avoient donné lieu à cette crainte.

Ces commémorations ont encore fait naître
par la ſuite des temps tous les livres prophé-
tiques & apocalyptiques qui ont ſi ſouvent
troublé le repos des humains. Les Payens les
connoiſſoient ſous les noms d'*Oracles Sibyl-
lins* ou de *Livres Achérontiques*, & les Hébreux ſous le titre de révélations faites à leurs
ancêtres d'avant & d'après le déluge. * Tous
ces peuples en ignoroient la véritable origine,
parce que ces livres à la fin s'étoient dénaturés
& corrompus. Ils les conſultoient néanmoins
dans tous les écarts de la nature, c'eſt-à-dire
dans toutes les calamités publiques.

Il eſt encore très probable que c'eſt de ce

* Les Juifs ont eu pluſieurs révélations ou apoca-
lypſes, attribuées à leurs premiers patriarches.

même fonds que les Hébreux ont tiré leurs prophéties de Jérémie, d'Isaïe, d'Ezéchiel & d'autres ; ils y appliquent sans cesse à leurs idées une foule de détails apocalyptiques, qui n'appartiennent visiblement qu'aux révolutions générales de l'Univers, dont on entretenoit primitivement les peuples aux jours de fêtes & d'assemblées, afin de contenir par la crainte ceux qui n'auroient point été contenus par les loix & par la raison.

La descente du grand Juge, dont on avoit regardé tous les météores & les phénomènes qui concourent à la ruine du monde comme les annonces & les suites, devint un dogme redoutable qui en impose à tous les hommes, & qui les remplit d'une terreur religieuse ; cette idée fut sans cesse rappelée & entretenue par les phénomènes accidentels que la nature la mieux réglée produisoit alors & produit encore tous les jours. Cette venue du grand juge, annoncée par les Météores, est le dénouement de tous les usages obscurs & extravagans que toutes les nations ont pratiqués, sans savoir pourquoi, à la vue des éclipses & des comètes, & dans toutes les autres circonstances où l'ordre naturel leur paroissoit altéré ou changé ; comme elles avoient oublié quels étoient alors les vrais motifs de leurs allarmes, elles imaginoient des fables pour en rendre raison, & elles outrèrent & corrompirent des institutions sensées & très-religieuses

en elles-mêmes. Je ne connois que les Péruviens qui ne soient point tombés dans cet oubli ; les éclipses du soleil & de la lune leur
rappelloient encore le souvenir des anciennes
ténèbres qui avoient autrefois couvert la terre
après son embrasement ; ils expliquoient par-là
leurs usages , & ils avoient raison. Le même
peuple regardoit cependant les comètes comme les annonces de la mort ou de la naissance
des grands personnages ; & il se trompoit en
cela , comme tous les autres peuples qui ont
été long-temps dans la même idée. les comètes
n'avoient été regardées primitivement que
comme les annonces de la ruine du monde &
de la venue du grand juge ; elles avoient eu
rapport à un fait général , mais chacun par la
suite n'y a plus été chercher qu'un fait particulier.

A la suite de tous ces objets d'une crainte
instructive dont la religion occupoit les hommes , elle leur offroit l'aspect consolant & flatteur de la vie future & du règne des justes ,
dans un état de félicité , d'abondance & de
gloire , qui ne devoit plus être exposé aux
révolutions de la nature. C'étoit ordinairement
par-là que la religion terminoit ses fêtes , ses
instructions & ses spectacles ; car tous ces
dogmes , pour être rendus plus sensibles ,
étoient représentés par des symboles & par
des cérémonies figurées. C'est de l'abus de ces
représentations que sont sorties les fables des

Jardin d'Adonis & *d'Eden*, des *Champs Eli-
sées*, du *paradis terrestre*, &c. Les poëtes &
les commentateurs ne les ont placées en tant
d'endroits divers, que parce que la plûpart
des anciens peuples avoient chacun des lieux
champêtres & délicieux, où tous les ans ils
alloient assister aux représentations figurées &
mystiques des délices de cette vie céleste qui
doit succéder à celle du monde : c'est de-là
que provient au Japon le pélerinage de la
province d'Isje, que l'on fait chaque année
pour obtenir la rémission de ses péchés, &
pour mériter le bonheur à venir ; c'étoit l'objet des processions annuelles que faisoient les
Athéniens au territoire d'Eleusis ; les champs
éisées n'ont point eu d'autre origine ; les
noms d'*Isje*, d'*Eleusis*, & d'*Elisée* ne sont
si visiblement analogues, que parce que la vie
future étoit appellée les champs *El-Isis*, ou
la terre de la divine Isis, nom que l'on donnoit
à la principale figure qui en étoit le symbole.

L'objet de ces représentations parut avec le
tems si grand & si relevé, que les prêtres
abandonnant au peuple l'extérieur de ces cérémonies, & le laissant le maître d'en penser ce
qu'il vouloit, crurent devoir ne le révéler qu'à
un petit nombre de gens choisis ; c'est-là ce
qui donna lieu à tous les mystéres de l'antiquité, connus sous les noms d'*Isis*, de *Cérès*,
d'*Osiris*, d'*Adonis*, &c. où l'on ne pouvoit
être admis, qu'après de longues & d'austéres
préparations.

Quoique les détails de ces mystéres ayent
été généralement assez peu connus, il nous en
est cependant parvenu quelques anecdotes,
qui peuvent en faciliter l'intelligence. En voici
une des mystéres d'*Adonis*, qui pour plus
d'une raison mérite de trouver ici sa place.

Je supposerai d'abord que le lecteur est au
fait de l'histoire d'*Adonis*. On sait que ce dieu
phénicien mouroit & renaissoit tous les ans.
J'ajouterai, pour plus d'éclaircissement, qu'il
n'avoit été dans son origine que le symbole
commemoratif du Monde anciennement détruit & renouvellé, & qu'il étoit en même
temps une image instructive de sa destruction & de son grand renouvellement futur.
Dans une certaine nuit de la fête, où la représentation d'Adonis étoit dans un tombeau,
au milieu de l'obscurité & des lamentations,
la lumiere paroissoit tout à coup; un prêtre
se montroit avec un air de sérénité, & après
avoir fait une onction sur la bouche des initiés, sans doute à cause du secret qui leur
étoit enjoint, il disoit à l'oreille de chacun
d'eux que le Soleil étoit venu & que la délivrance étoit arrivée. Cette grande nouvelle
ramenoit l'allégresse, & l'on célébroit la résurrection d'*Adonis* par toutes sortes de réjouissances. (*a*) L'extérieur de cette fête étoit

_____

(*a*) Voyez *Jul. Firmicus*, & le Livre Anglois qui a
pour titre *Purcha's Pilgrimage*, lib. 1 ch. 17 pag. 90.

connu & répandu, non-seulement en Phénicie
& en Égypte, mais aussi chez les Grecs & les
Romains ; on ne voyoit dans les premiers
jours que deuil & qu'affliction; on n'entendoit
que cris funèbres des pleureuses désolées, &
l'on ne rencontroit de tous côtés que des
tombeaux & des cercueils.

On peut juger par ce culte singulier, & sur-
tout par l'anecdote rapportée ci-dessus, qu'un
chrétien qui auroit vécu mille ans ou plus
avant la venue du Messie, & qui se seroit
trouvé à ces fêtes ou mystéres d'Adonis, eût
crû y voir la fin du carême. Le christianisme,
comme on voit, datte de fort loin.

Mais revenons à nos anciennes institutions,
dont toutes les folies anciennes & modernes
n'ont été que les suites & les abus.

Toute la marche du ciel, & l'harmonie
rendue au monde, furent pendant long-temps
des motifs d'une reconnoissance constante &
sans bornes envers l'être suprème ; cependant,
comme si cette religion eût prévu ce qui devoit
arriver un jour, elle cherchoit dans cette harmonie même, le sujet d'entretenir les hommes
de leur instabilité, de peur que l'oubli du passé,
& l'habitude d'une félicité permanente, n'é-
teignissent cette crainte salutaire du grand Juge,
qu'il étoit important de conserver. Elle faisoit
donc des leçons de tout ; le déclin du jour, &
le coucher du soleil lui rappelloient les anciennes ténèbres, la fin de l'ancien monde, & la

fin future du monde préfent. Le lever de l'aurore devint pour elle l'image de l'ancien & du
futur renouvellement , auffi bien que du lever
du grand juge en faveur des juftes , c'eft de-là
que toutes les anciennes fêtes commençoient
par la triftelle & finiffoient par la joie : elles
commençoient au coucher du foleil pour finir
à l'autre coucher. (a) C'eft enfin de-là que
l'homme idolâtre courut enfuite confulter tous
les jours l'aurore ou le foleil levant , & que
généralement les peuples ont par toute la terre
tourné vers ce côté les portes de tous les
temples , s'imaginant que le foleil & le grand
juge viendroient du côté de l'orient.

La fin & le commencement des périodes des
aftres & des planetes devinrent par le même
efprit , l'occafion & le fujet de femblables
leçons. Les quatre changements de la lune de
chaque mois , la variété des quatre faifons de
chaque année , étoient de trop vives images de
l'inftabilité de l'Univers , pour ne pas les regarder comme des fignaux inftructifs.

Tous les peuples eurent donc quatre fêtes
dans le mois , & quatre autres fêtes plus fo-
lemnelles dans l'année ; pendant lefquelles ,
à l'occafion de ces mutations lunaires & fo-

(a) L'ufage ancien & prefque univerfel qu'ont eu les
nations de compter par les nuits & non par les jours ,
tire de là fon origine. Le jour facré ou eccléfiaftique
commence encore chez nous par le foir.

laires, on rappelloit aux peuples affemblés, que tout avoit changé, & que tout changeroit encore un jour.

Les fêtes qui avoient rapport au renouvellement des périodes aftronomiques, étoient des fêtes de réjouiffances, & celles qui avoient rapport à leurs décours & à leur déclin, n'étoient que des fêtes de deuil & de pénitence.

Comme le mois périodique de la lune eft de près de ving-huit jours, on devine aifément que ce doit être ici la raifon pour laquelle les fêtes lunaires ont été efpacées de tout temps de fept en fept jours ; & que ce doit être auffi de ce que ces anciennes folemnités étoient réglées par le nombre lunaire, qu'eft forti le refpect qu'ont eu généralement toutes les nations pour le nombre feptennaire. La fucceffion de nos fêtes n'a pas pu dépendre, en effet, d'aucun autre événement ni d'aucune autre raifon, puifque les quatre folemnités du mois étant aux quatre phafes lunaires ce que les quatre folemnités annuelles font aux quatre phafes folaires, il faudroit ridiculement en conclure que les fêtes ont réglé le cours des aftres, tandis que le bon fens nous dit que ce font les aftres qui doivent régler les fêtes. Quoique les hébreux prétendent que l'œuvre de la Création, opérée en fept jours, eft le motif & l'origine des fêtes feptennaires, nous voyons cependant au premier chapitre de leur genèfe, que le foleil & la lune ont été créés pour indiquer & régler les fêtes & les jours d'assemblées. Comment expliquer cette contradiction, à moins que d'être assez stupide pour imaginer que Dieu a bien voulu mettre dans ses ouvrages un rapport astrologique ?

L'usage qui fut établi dans les temps primitifs, d'entretenir ainsi les hommes du renouvellement & de la ruine du monde, à la fin & au commencement de toutes les phases & de tous les périodes astronomiques, fut la source innocente d'une infinité d'erreurs, lorsqu'une fois le souvenir du passé se fut affoibli, & lorsque les motifs de ces instructions périodiques furent corrompus & méconnus.

En voyant ces commémorations ramenées & toujours indiquées par le nombre *sept*, on pensa qu'il avoit quelque vertu secrette, & quelque rapport mystérieux avec l'origine, l'exiltence & la durée du monde.

Les uns imaginerent qu'il avoit été créé; d'autres qu'il avoit été renouvellé; & plusieurs qu'il avoit été jugé en sept jours. Toutes ces différentes opinions se trouvent chez les hébreux, comme on peut le voir dans la note ci-bas. (a)

___

(a) En général les Hébreux ont appelé les sept jours de la semaine, les sept jours de la *Création*; néanmoins ils ont nommé le septieme jour, pendant lequel ils célébroient cette prétendue création, du nom de *Sabbath*, qui est aussi le nom du premier mois de leur

Le souvenir du renouvellement de la face de l'univers, s'étant éteint ou considérablement obscurci, la mémoire de l'ancien monde

- -

année solaire. Sa véritable racine hébraïque ne signifie point *repos*, mais *retour & renouvellement*; ainsi cette fête de la création ne pouvoit être que la fête du renouvellement du monde. Les pseaumes 37 & 92, qui étoient consacrés au souvenir du Sabbath, suffisent pour découvrir l'erreur des Hébreux; le premier n'offre rien qu'un tableau de misères & d'afflictions; il ne fait entendre que des cris pitoyables qui ne conviennent ni à David, ni à la création, ni au sabbath de la façon qu'ils le concevoient, mais au jour de la destruction du monde, aux *Osiris* & aux *Adonis* symboliques du monde détruit & du soleil éteint. Le pseaume 92 dont le titre a pareillement rapport au sabbath, ne nous offre qu'une peinture du déluge & du rétablissement de la terre. L'auteur du livre de Job, dans cette magnifique description qu'il donne au chapitre sixieme des œuvres de la création, y rappelle la *défaite des Géants qui gémissent sous les eaux*. On voit la même ambiguïté dans le chapitre quatorzieme du livre de la Sagesse: *C'est ainsi,* y est-il dit, *qu'au commencement du monde, quand vous fîtes périr les géants superbes, un vaisseau fut l'asile & le dépositaire des espérances de l'univers.* On voit donc par ces différents passages, que le monde créé & le monde renouvellé y sont toujours confondus. D'après ces variétés on explique aisément un autre endroit du quatrieme livre d'Esdras, *Chap. 7. verf.* 30 & 31. qui a été jusqu'à présent inexplicable. Après avoir annoncé que les horreurs de la fin du monde sont prochaines, le prophete menace les pécheurs, & leur dit: que *le monde va rentrer dans le silence des sept jours, comme il est arrivé dans les anciens*

s'éteignit de même néceſſairement , & l'on ne
penſa plus qu'à celui dont on avoit la jouiſſance.
Lorſque , par la ſuite des temps , l'on eut aſſez
de loiſir pour réfléchir ſur ſon origine & pour
raiſonner ſur ſon antiquité , les ſentiments ne
purent qu'être ſyſtématiques & très-partagés :
on lui donna donc plus ou moins d'antiquité ,
à proportion du plus ou moins d'idées qu'on
avoit conſervées du paſſé ; cela produiſoit cette
étrange diverſité que nous remarquons dans la
chronologie des anciens peuples. Comme il eſt
naturel de compter pour rien ce qu'on ne connoît pas , ſoit dans la nature , ſoit dans la vaſte
profondeur des temps , bientôt on ſauta par-
deſſus les ſiecles inconnus ; on oſa fixer l'inſtant
précis de la premiere exiſtence du monde , &
l'on confondit l'ancienne époque de ſon réta-
bliſſement avec l'époque encore plus ſombre &
plus inconnue de ſa création primitive. D'où il
arriva que lorſqu'on voulut deviner les détails
de ce premier de tous les événements , pour les
mettre à la tête des annales du monde que l'impoſture imagina , comme les hommes n'ont pu
& ne pourront jamais ſe repréſenter les opéra-

---

jugements. Singuliere opinion qui nous fait connoître
que les ſept jours de la création ou du renouvellement
du monde ont encore été regardés comme les ſept jours
des anciens jugements de Dieu ; auſſi trouve-t-on
quelque part de l'écriture. *Je vous ai loué ſept fois le
jour à cauſe des jugements de votre juſtice.*

tions surnaturelles d'un Dieu créateur & archi-
tecte de l'univers autrement que par des ana-
logies grossieres , on ne dépeignit cet acte
sublime & incompréhensible qu'avec des couleurs souillées par des idées que fournissoit
encore un souvenir ténébreux & corrompu des
grands désordres arrivés lors du changement
de l'ancien monde , & l'on ne put disposer les
faits & leur succession autrement que par des
regles ou plutôt selon les chimeres extrava-
gantes de l'Astrologie judiciaire ; science ridicule , qu'eut bientôt fait naître l'attention
primitive qu'on donnoit à tous les mouvements
célestes , que l'on crut si intéressants pour le
repos & la tranquillité des nouvelles sociétés(*a*).

(*a*) Les folies de l'astrologie ont été inventées avant
le système de la création des Hébreux ; cela est visible
par les rapports qu'on peut remarquer entre les diverses
opérations des sept jours & les prétendues vertus &
propriétés astrologiques des sept planetes. 1°. Le jour
auquel le soleil préside , la lumiere fut faite. 2°. Le
jour de la lune fut celui où le firmament , l'athmosphere
furent faits , & où la division des eaux supérieures &
des eaux inférieures fut marquée , parce que la lune
préside à l'athmosphere , & qu'elle est regardée comme
une planete humide & aquatique. 3°. Le jour de
Mars , comme c'est une planete réputée charnelle , bru-
tale & grossiere , l'aride parut & fut appellée terre.
4°. Est le jour de Mercure. Mercure a toujours été
regardé comme le ministre des Dieux , comme l'entre-
metteur & le messager du ciel aux enfers & des enfers

Telles font les fources de ces ténebres, de ce cahos, de ce mélange primitif des éléments, & de cet état de confufion qu'on a toujours dit avoir précédé la naiffance du monde.

L'abfurde cahos n'a jamais exifté que dans la tête de ceux qui avoient oublié l'antiquité. C'eft de là que font forties ces hiftoires frivoles & ridicules de tous ces combats divers, antérieurs à l'origine de toutes chofes, de la lumiere contre les ténebres, des Anges contre les Démons, du bon contre le mauvais Principe, de Lucifer contre Dieu, du foleil contre la lune, des Géants contre les Dieux, de Typhon contre Ofiris, & plufieurs autres de cette efpece (a).

---

au ciel : ces attributs lui proviennent de ce qu'anciennement il avoit été l'annonce fymbolique des fêtes, & l'emblême du commerce des mortels avec les Dieux par leur culte & leurs prieres. C'eft-là, fans doute, la raifon pour laquelle il eft dit que les fignaux des fêtes & des affemblées, (le foleil & la lune) furent placés ce jour-là dans le ciel. 5°. Le jour de Jupiter, comme c'eft la planete de l'air, & l'abondance multipliée, felon l'aftrologie, il a bien fallu que les oifeaux aient été créés dans l'air & les poiffons dans la mer, lors du cinquieme jour. 6°. L'homme & la femme créés le jour de Vénus, ne demandent point d'explication. 7°. Dieu enfin s'eft repofé le jour de Saturne, planete fombre & taciturne, qui tranche tout & ne produit rien, dit l'aftrologie.

(a) C'eft une chofe remarquable dans les annales du monde, recueillies par Sanchoniaton, dont Eufebe

Le nombre *sept* étant ainsi devenu un nombre plein de vertu & de myſtere, on reſpecta, non-ſeulement le ſeptieme jour, mais encore la ſeptieme ſemaine, le ſeptieme mois, la ſeptieme année, la ſeptieme ſemaine de mois & d'années. La fin du monde fut toujours attendue après des Périodes Sabbatiques : les Manichéens, d'après une infinité d'anciens peuples, l'attendoient le ſeptieme jour de chaque ſemaine ; les Mexicains, à la fin de chaque ſemaine de ſemaines d'années ; & tous

---

nous a conſervé les précieux fragments, que cet auteur n'y parle en aucune façon du déluge ; ce qui lui a attiré bien des reproches de la part des docteurs chrétiens. Mais ſi l'on examine le détail qu'il nous donne de la création, on y reconnoîtra aiſément que ce ne ſont les détails que d'une véritable révolution ; & l'on peut faire la même remarque dans les anecdotes de tous les prétendus ancêtres qu'il donne au genre humain : il n'eſt donc pas étonnant qu'il ne parle pas du déluge. L'auteur des annales Hebraïques, qui nous fait l'hiſtoire d'une création & d'un déluge, a commis une faute bien plus groſſiere : ſa création n'eſt que le déluge, ſon déluge n'eſt que ſa création ; ces deux evénements ne ſont réellement dans la Genèſe qu'un double emploi d'un ſeul & même fait, conſidéré ſous deux points de vue différents ; l'un naturel qu'il a placé en ſecond, l'autre aſtrologique, ſyſtématique, ou myſtique, comme on voudra le nommer, qu'il a placé en premier. Cette remarque donne la ſolution des cauſes qui ont produit les différentes chronologies des Hebreux & des Samaritains.

les docteurs orientaux, à la fin des femaines de
centaines ou de milliers d'années. Enfin ce
nombre, & plufieurs autres encore, auxquels
on attribua des vertus femblables, devinrent,
par le mélange de toutes les idées primitives,
outrées & corrompues pour les uns, des termes divins & heureux pour les autres, des
termes redoutables & funeftes, dont une multitude de rabbins, de cabaliftes, d'aftrologues,
de prophetes, & d'autres têtes creufes &
fuperftitieufes ont abufé dans tous les temps
avec la derniere extravagance, & fouvent aux
dépens du repos & du bonheur du genre-
humain.

A cette attente de la fin du monde, qui,
d'un dogme religieux, devint un dogme plein
de folie & de fuperftition, nous avons dit que
la religion joignoit primitivement ceux qui
concernoient la defcente du grand Juge, la
vie future. Comme ces trois dogmes étoient
inféparables, les erreurs provenues de l'abus
qu'on en fit, furent auffi inféparables. Les
révolutions périodiques des années, les météores, & tout ce que l'ignorante antiquité
appelloit les fignes du ciel, au lieu d'être,
comme par le paffé, les annonces des inftructions qu'on devoit alors donner aux hommes, ne furent plus que les annonces de rois
conquérants, de légiflateurs, de prophetes,
& d'autres perfonnages chimériques, que l'on
attendit au lieu du grand Juge, dont l'attente
primitive

primitive fut corrompue & perſonnifiée : ces
ſignes du ciel ne furent plus les annonces du
jugement dernier & de la vie future, mais du
ſort & des révolutions des empires, & des
grands changements politiques qui devoient
arriver, diſoit-on, parmi les nations, & même
dans les familles.

Par-là, l'imagination des hommes, toujours
fixée ſur les aſtres, donna lieu à des révolutions civiles & religieuſes ſur la terre, quand
elle crut en avoir apperçu d'aſtronomiques dans
le ciel ; & l'impoſture même en ſuppoſa dans
le ciel, quand il en arrivoit de naturelles ſur
la terre, ou lorſqu'elle vouloit y en faire naître
afin d'en profiter.

C'eſt par ces fatales préventions que l'eſprit
humain s'eſt trouvé diſpoſé, depuis une infinité
de ſiecles, à être la dupe, le jouet & la victime
de tous les fanatiques & de tous les impoſ-
teurs, qui ont eu l'adreſſe de faire tomber ſur
eux les regards des nations, toujours remplies
d'une eſpérance vague & d'une attente indé-
terminée.

Je n'oublierai point ici des inſtitutions de la
religion primitive, dont la connoiſſance peut
jeter un grand jour ſur une multitude d'uſages,
la plupart obſcurs & corrompus, que l'antiquité
nous préſente dans ſes fêtes & dans ſes ſolem-
nités. Cette religion eut un ſoin particulier
d'entretenir le ſouvenir de la miſere des premiers hommes, c'eſt-à-dire, de ceux qui

C

avoient été les témoins malheureux de la ruine de l'univers. Dans cette intention, elle obligeoit en certains temps de mener une vie errante, de ne se vêtir que de peau, de ne manger que des fruits sauvages, de demeurer dans des bois, des bocages, & des cavernes.

C'est de-là, en partie, qu'ont dû venir les Orgyes & les Bacchanales du paganisme, & diverses fêtes des Hébreux, qui y avoient tant de rapport pour l'extérieur. Mais tous les peuples avoient perdu de vue leurs anciens & véritables motifs. On retrouve cependant encore quelques précieux restes de ces commémorations chez les Payens. Il y avoit à Athenes & en Syrie, comme on le voit dans Plutarque & dans Lucien, des fêtes funebres qu'on y célébroit encore du temps de Sylla, en mémoire de ceux qui étoient péris dans les déluges d'Ogyges & de Deucalion. Si on étudie la plupart des fêtes des Manes & des Lemures chez les Grecs & chez les Romains, on y retrouvera encore cet ancien motif, aussi-bien que dans plusieurs autres jeux ou spectacles funebres qui se représentoient par coutume & sans trop savoir pourquoi.

Les fêtes du soleil, qui s'appelloient en Perse les *Mémoriaux*, (a) avoient sans doute la même origine. Les Japonois savent encore

_____

(a) Voyez *Selden*, *Préface des Dieux de Syrie.*

que toutes leurs fêtes n'étoient autrefois que
des jours de deuil & de lamentations ; je soup-
çonne même que le culte des ancêtres qui y est
établi, aussi-bien qu'à la Chine & dans d'autres
lieux de l'Asie , n'a point d'autre source. Les
Lettrés de Tonquin , dit le Pere Tissannier
dans la relation de cette contrée , adorent, à
toutes les nouvelles lunes , les ames des ancêtres qui sont autrefois morts de faim : rien
sans doute ne justifie mieux nos soupçons. Dans
l'isle de Samothrace , il y avoit aussi , du temps
de Diodore de Sicile (*b*) , des fêtes annuelles
de ce genre , que l'on y célébroit encore , en
allant sur toutes les hauteurs remercier les
dieux de l'ancienne délivrance des eaux du
déluge ; & j'ai reconnu que le culte idolâtre
qui a été rendu à tant de montagnes , n'avoit
été qu'une des suites de la reconnoissance que
les peuples avoient conservée pour les asyles
qui avoient sauvé les débris du genre-humain.

Enfin la commémoration des révolutions de
la nature , soit par l'eau , soit par le feu , a été
l'intention originelle & l'objet .primitif de
toutes les fêtes de l'antiquité , quelles qu'elles
soient , & chez quel peuple que nous jettions
les yeux. En les considérant à l'avenir sous ce
point de vue , & en les comparant & les con-
ciliant les unes avec les autres , elles n'auront

(*b*) *Liv. V.*

C ij

plus pour nous de myſtere & d'obſcurité ;
elles nous dévoileront la véritable hiſtoire du
monde , qui ne s'eſt conſervée que par-là.
L'on ſaura , par exemple , à quels événements
doivent ſe rapporter les commémorations que
faiſoient les égyptiens des malheurs d'Oſiris ;
celles que faiſoient les hébreux des miſeres
qu'ils diſoient avoir ſouffertes en Égypte & dans
les déſerts. On ne ſera point embarraſſé de
ſavoir de quel fait & de quel temps il faut
rapprocher la vie frugale qu'obſervent en de
certains temps les Japonois , qui ne mangent ,
en mémoire de leurs ancêtres , que des co-
quillages ; & l'on apprendra pourquoi leurs
ſpectacles & leurs théâtres ne repréſentent
alors que des cabanes & des chaumiéres miſé-
rables. Alors on raménera avec facilité tous
ces uſages à la même ſource d'où les Égyptiens,
les Grecs , les Siciliens , les Romains avoient
tiré certaines fêtes de Bacchus & de Cerès ,
où ils repréſentoient l'ancienne façon de vivre
de leurs peres , lorſqu'ils menoient , diſoient-
ils , une vie errante & ſauvage. Il en ſera de
même de nos uſages d'Europe , ſoit religieux ,
ſoit populaires ; ce grand & nouveau point
de vue les éclaircira tous un jour , & fera
tomber l'illuſion par laquelle le menſonge &
l'ignorance nous en ont caché depuis tant
de ſiécles les vrais principes & la véritable
origine.

Je ne finirois point , ſi à l'occaſion de ces

inſtitutions primitives j'entreprenois de détailler tous les maux & toutes les différentes
erreurs qu'a produit l'abus général & univerſel
qu'on en a fait , quoique toutes les inſtitutions
& les dogmes qui en étoient les principes
fuſſent raiſonnables & ſages , & ſi propres par
eux-mêmes à faire le bonheur des ſociétés , en
y maintenant l'ordre & la police d'où ce bonheur dépend. L'énumération de ces erreurs
demanderoit un vaſte champ , & elle contien-
droit , d'ailleurs , une multitude d'autres objets
qui n'auroient plus de rapport au nôtre.

Je n'ai inſiſté ici que ſur les erreurs capitales
qui ſont aujourd'hui comme la baſe de toutes
les religions du monde ; j'ai cru le devoir
faire , tant parce que les ſyſtêmes politiques
que nous voulons étudier en ſont dérivés , &
y ſont encore étroitement liés , que parce que
l'homme ſuperſtitieux & l'homme eſclave ,
ſont enchaînés par les mêmes entraves , & par
les mêmes préjugés.

SECTION VII.

Principes des premieres institutions ci-
viles & politiques. Les hommes pren-
nent le gouvernement théocratique.

LES restes infortunés des nations détruites
furent quelque temps sans doute après le retour de la sérénité & de l'harmonie à ne former que des familles pénétrées de la crainte
des Jugements de Dieu , & toutes occupées du
soin de remédier à leurs maux & de pourvoir
à leur subsistance. Il n'y eut vraisemblablement
alors parmi elles d'autre autorité que celle des
peres qui rassembloient leurs enfants ; il n'y
eut d'autre loi que la raison ; & les besoins
communs, qui étant, dans de pareilles circonstances , les mêmes que les besoins des
particuliers , ne pouvoient être méconnus ni
négligés.

Ce n'est point dans ces premiers moments
qu'il faut chercher ces divers gouvernements
politiques qu'on a vu par la suite sur la terre ;
ils n'ont pu commencer à y paroître que lorsque les familles primitives s'étant de plus en
plus rapprochées & multipliées , formerent
des sociétés nombreuses , auxquelles il fallut

néceſſairement un lien plus fort & plus frappant que dans les familles, qui pût maintenir
l'unité dont on connoiſſoit tout le prix, &
entretenir cet eſprit de Religion, d'œconomie, d'induſtrie & de paix, qui ſeul pouvoit
réparer. les maux infinis qu'avoit ſouffert la
nature humaine. On fit alors des loix civiles,
économiques & domeſtiques, pour inſpirer la
frugalité, pour animer au travail, pour en-
courager les inventeurs, & pour hâter ſur-
tout les progrès de l'agriculture. On régla la
nature des devoirs & des ſecours qu'on ſe
devoit réciproquement, afin de prévenir les
querelles, ou d'accorder celles qui pourroient
naître ; on indiqua les temps du travail & du
repos ; on donna une forme authentique aux
mariages ; on preſcrivit ſur-tout un plan inva-
riable pour l'éducation & pour les mœurs ;
on mit un ordre régulier dans le culte extérieur, qui devoit ſans ceſſe rappeller l'homme
à la divinité : enfin on mit le ſceau de l'appro-
bation publique à tous les uſages & à tous
les établiſſements qui pouvoient intéreſſer la
ſociété, & vraiſemblablement on décerna des
peines contre ceux qui manqueroient à ces
engagements généraux & ſolemnels.

Ces divers réglements furent dans les com-
mencements auſſi ſimples que l'eſprit qui les
dicta ; quoiqu'ils n'euſſent point encore cette
étendue qu'ont eu par la ſuite les codes &
les légiſlations de tous les peuples, ils n'en

C iſ

devoient être que plus fages, & tendoient
plus directement au vrai bien du genre humain. Il ne fallut point, pour en faire le projet,
recourir à des philofophes fublimes ni à des
politiques profonds ; la raifon, la néceffilé,
& des befoins réels furent les feuls légiflateurs
qui les dicterent. Quand on en raffembla toutes
les parties, on ne fit qu'écrire ou graver fur
le bois & fur la pierre ce qui avoit été fait jufqu'à ces temps heureux, où la raifon des
particuliers n'étant point encore différente de
la raifon publique, avoit été la feule & l'unique loi.

Pour le maintien de ces inftructions, qui
devoient faire le bonheur général, comme
elles avoient fait le bonheur particulier des
familles, lorfqu'elles n'étoient encore que des
loix domeftiques, on s'en rapporta, d'un con-
fentement unanime, aux anciens réunis &
aux chefs de ces mêmes familles, qui tous
devoient être les plus intéreffés à veiller à la
félicité & au repos d'une fociété qui les tou-
choit de fi près. Ce n'eft point qu'ils fuffent
regardés dès-lors comme les rois & les maîtres
fouverains des fociétés, mais c'eft que leur
expérience, leur fageffe, leur âge, & leur
nom de peres, leur attiroit de la part de
tous un profond refpect & une vénération
naturelle. Ils furent donc choifis pour être les
miniftres & les furveillans de la fociété, &
non les arbitres indépendans,

L'homme savoit alors qu'il y avoit une loi,
une raison publique, vis-à-vis de laquelle ceux
mêmes qui en sont les ministres ne sont rien de
plus dans l'état que le dernier des citoyens.
Connoissant donc ses privileges à titre d'être
raisonnable & libre, l'homme en se prescrivant
des loix civiles, n'eut jamais l'intention de se
mettre dans les chaînes de quelques-uns de ses
semblables ; & quoiqu'il se captivât volontairement par les loix, pour se rendre dépendant
de la société où il trouvoit sa subsistance & son
bonheur, il ne voulut en même-temps reconnoître au-dessus d'elle d'autre roi & d'autre
monarque que Dieu seul ; ce fut donc uniquement à lui qu'il soumit sa législation nouvelle,
& qu'il se soumit lui-même.

Mais avant d'entrer dans l'historique de
cette singuliere anecdote de l'histoire politique
des premiers hommes, retournons un moment
sur nos pas.

Je n'ai point cru devoir donner le détail de
toutes les loix domestiques, économiques &
civiles qui formerent le premier code des hommes réunis en société ; toute l'antiquité nous
en instruit ; elle parle ici pour moi, & l'histoire de tous les anciens peuples, Égyptiens,
Chinois, Indiens, Perses, Crétois, Étrusques,
&c. nous doit faire juger combien les premieres
sociétés furent parfaites du côté des mœurs,
de la discipline & de la police. Nous pouvons
même penser que ce que nous en savons est

C v

encore infiniment au-deſſous de ce qui a été.
En effet les premiers temps connus de l'hiſtoire de ces peuples, ne ſont point réellement
leurs premiers temps. La plupart de ces nations
n'ont été fréquentées des autres, que lorſque
la loi qui leur interdiſoit le commerce extérieur
s'eſt négligée : cette loi dont la ſévérité a dû
être long-temps en vigueur, indique pour le
temps même de ſon établiſſement une grande
population, qui avoit produit divers événemens conſidérables, & des diſſenſions ſi oppoſées à l'ancienne union, qu'elles donnerent
lieu à cette loi qu'on fut forcé de faire, quoiqu'elle fût elle-même contraire à la légiſlation
primitive, ſi remplie d'humanité.

Nous ne devons donc regarder ces anciens
détails qui ſont parvenus juſqu'à nous ſur les
anciens gouvernements, que comme des veſtiges & des traces de ce qu'ils avoient été dans
une autre antiquité que nous ne connoiſſons
pas ; mais ce qui eſt bien capable de nous la
faire connoître, & de parler en ſa faveur,
c'eſt que ce ſont les ſeules traces qui en reſtent
qui excitent encore notre admiration & notre
ſurpriſe.

Ce que les Grecs ont écrit de la police Égyp-
tienne lorſqu'ils la connurent, paſſeroit preſque pour une fable, auſſi-bien que l'éducation
des anciens Perſes, ſi l'état préſent de la Chine
n'étoit une preuve viſible & inconteſtable que
de pareils gouvernemens ont exiſté. L'Égypte

ne fut pas plutôt accessible aux nations voisines, qui depuis long-temps avoient déjà tout-à-fait corrompu leur législation originelle, qu'elles s'enrichirent toutes de ce qui en restoit à ce peuple privilégié ; par reconnoissance elles lui donnerent d'une voix unanime le nom de *Sage* ; nom qu'il méritoit sans doute, puisque ses plus cruels ennemis * ne purent le lui refuser.

Ce qui doit être sur-tout considéré dans ces premieres démarches du genre humain, c'est qu'elles étoient toutes dictées par la raison ; ce fut elle, alors, qui devint la richesse & le trésor de l'homme dépourvû de tout. Pour se tirer de l'abyme de misere où il se voyoit plongé, il se servit de toutes ses facultés spirituelles, & rappellé à lui-même par ses malheurs, il se comporta en créature raisonnable & intelligente ; ce qui fit son bonheur & sa gloire.

Voilà quelle a été la conduite de l'homme dans ces premiers temps, & celle qu'il eût toujours tenue par la suite, s'il n'eût point perdu de vue son ancien mobile & son guide naturel, je veux dire, ses vrais besoins & sa raison. Tout ce qui va suivre ne nous exposera plus que ses écarts & ses changemens ; &, comme pour les rendre instructifs, il

---

* Moyse fut instruit dans toute la sagesse Egyptienne.

C ij

nous importera d'en chercher toujours les principes, nous pouvons dès à préfent en faire déja remarquer un.

Quoique les premieres loix écrites que firent les hommes ne fuffent que le tableau de leur conduite primitive, & le précieux recueil de tous les moyens dont ils s'étoient fervis jufqu'alors pour rétablir la fociété & pour fe rendre heureux, ces loix mêmes donnerent lieu au premier changement qui fe fit dans l'efprit humain. On commença dès-lors à négliger l'ufage de la raifon ; ce fut ces loix que l'on confulta pour agir ; ce fut fur elles qu'on fe repofa ; & la jufte confiance qu'on avoit en elles n'exigeant plus de l'homme qu'il employât le reffort intérieur pour régler fa conduite & toutes fes démarches, comme par le paffé, ce reffort s'affoiblit peu à peu, & à la fin il en perdit prefqu'entiérement l'ufage.

Il eft vrai que ces loix étoient excellentes, & que l'homme ne pouvoit qu'être heureux & fage en les fuivant à la lettre, mais quelles font les loix qui ne dégénérent point infenfiblement, fur-tout quand le refpect exceffif qu'on a pour elles ne permet point de les confronter de tems en tems avec la loi primitive, qui eft gravée dans tous les cœurs d'une façon bien plus inaltérable que fur la pierre, & que l'on y trouve toujours quand on veut rentrer en foi-même ?

Ces loix admirables fe corrompirent dont

& se dénaturèrent, parce qu'on négligea de les conserver pures , & de les redresser quand elles commencèrent à s'écarter du bien public, de la raison & du bon sens.

Prévenus à présent de cette source de toutes les erreurs, il nous est facile de pressentir & de nous assurer d'avance d'un seul coup d'œil quelle va être la marche du genre humain. Après s'être conduit selon les lumieres de sa raison, il s'abandonnera avec un respect sans bornes à la conduite des loix ; il cessera de penser par lui-même ; ces loix s'altéretout sans qu'il s'en apperçoive, & il ne se conduira plus que par les usages & par les coûtumes : celles-ci devenant obscures, on se remplira de préjugés, de fausses traditions, & d'opinions folles & superstitieuses, qui deviendront à la fin la base & la régle de la conduite générale de toutes les nations. Ce sont les degrés par où nous les verrons toutes successivement passer depuis le renouvellement des sociétés jusqu'aujourd'hui ; nous les verrons toujours s'oublier de plus en plus, & nous remarquerons qu'elles se rendront m heureuses à mesure qu'elles s'éloigneront de eur raison , & qu'elles parviendront à ce point funeste de ne la plus regarder comme le premier flambeau qui doit éclairer les loix, les coûtumes, les usages , les opinions, & la religion elle-même.

Nous avons laissé l'homme sur le point de

mettre le dernier sceau à sa légiſlation , & prêt à en repréſenter le ſiége & l'unité , en ſe donnant Dieu même pour ſouverain. Divers ſentimens que la raiſon lui dictoit , pluſieurs impreſſions religieuſes dont il étoit vivement pénétré, & plus encore le crédit & le poids d'une certaine ſuperſtition qui fut particuliere à ces premiers âges , concoururent à lui inſpirer un choix & un deſſein auſſi extraordinaire. Ses beſoins lui ayant fait connoître de bonne heure qu'il n'étoit point un être qui pût vivre iſolé ſur la terre , il s'étoit réuni à ſes ſemblables , préférant, comme nous avons vu , les avantages d'un engagement néceſſaire & raiſonnable , à ſa liberté naturelle.

L'aggrandiſſement de la ſociété ayant enſuite demandé que le contrat tacite que chaque particulier , en s'y incorporant , avoit fait avec elle , eût une forme plus ſolemnelle , & qu'il devînt authentique & irréfragable , afin que l'ordre & l'harmonie puſſent y ſubſiſter & y régner comme auparavant , l'homme y conſentit encore. Les premiers reſſorts n'étoient point changés par cette précaution nouvelle ; elle n'avoit pour objet que de les fortifier en raiſon de la grandeur & de l'étendue du corps qu'ils avoient à faire mouvoir.

On renouvella donc , en faveur de la ſociété, le ſacrifice déjà commencé de cette liberté & de cette égalité naturelle , dont nous avons tous le ſentiment ; on reconnut des ſupérieurs

& des magiſtrats ; on ſe ſoumit à une ſubordi-
nation civile & politique ; bien plus , on
cherche un ſouverain , parce qu'on reconnut
dès-lors qu'une grande ſociété ſans chef & ſans
roi , étoit un corps ſans tête , & même un
monſtre , dont les membres mis en mouvement
ne pouvoient produire rien de raiſonné ni
d'harmonique.

Pour s'appercevoir de cette grande vérité ,
l'homme n'eut beſoin que de jeter un coup
d'œil ſur la ſociété qui s'étoit déjà formée.
Nous ne pouvons nous empêcher , en voyant
une aſſemblée , d'en chercher le premier & le
chef ; c'eſt un ſentiment involontaire & vraiment naturel , qui eſt une ſuite de l'attrait
ſecret qu'ont pour nous la ſimplicité & l'unité,
qui ſont les caracteres de l'ordre & de la
vérité ; c'eſt une inſpiration précieuſe de notre
raiſon , par laquelle , quel penchant que nous
ayons vers l'indépendance , nous ſavons nous
ſoumettre pour notre bien-être & pour l'amour
de l'ordre.

Loin que le ſpectacle de celui qui préſide ſur
une ſociété , puiſſe par lui-même cauſer aucun
déplaiſir à ceux qui la compoſent , la raiſon
ne peut le voir ſans un retour agréable &
flatteur , parce que c'eſt la ſociété , & nous-
mêmes qui en faiſons partie , que nous conſi-
dérons dans ce chef , dans cet oracle permanent
de la raiſon publique , dont il eſt le miroir,
l'image , & l'auguſte repréſentation.

La premiere société qui fut réglée & policée
par les loix, ne put, sans doute, se contem-
pler elle-même sans s'admirer. L'idée de se
donner un roi, a donc été une des premieres
idées de l'homme raisonnable & sociable. Le
spectacle de l'univers vint encore seconder la
voix de la raison ; l'homme s'en occupoit alors
sans cesse, & admiroit ce merveilleux concert.
Comme l'immutabilité du ciel & la félicité
de la terre, dépendoient de l'accord perpétuel
de tous les divers mouvements des astres, il les
examinoit perpétuellement ; tantôt il portoit
ses yeux vers le soleil ; tantôt il considéroit la
lune & cette immense multitude d'étoiles dont
le firmament est peuplé ; mais remarquant sur-
tout cet astre unique & éclatant qui semble
commander à toute l'armée des cieux, & s'en
faire obéir, il crut voir l'image d'un bon gouvernement, & y reconnoître le modele & le
plan que devoit suivre la société sur la terre,
pour se rendre heureuse & immuable, par un
semblable concert.

La religion, enfin, appuya tous ces motifs,
déja très-puissants par eux-mêmes : l'homme
ne voyoit dans toute la nature qu'un soleil ; il
ne connoissoit dans tout l'univers qu'un seul
Etre suprême, qu'un Dieu. Il vit donc par-là
qu'il manquoit encore quelque chose à sa législ-
lation ; que sa société n'étoit point parfaite ; en
un mot, qu'il lui falloit un roi, qui fût le chef
& le pere de cette grande famille, & qui la

conduisît & la réglât comme le soleil regle toute la nature, & comme un Dieu conduit & gouverne l'univers.

Ce furent-là les avis, les conseils, & les exemples que la raison, le spectacle du ciel, & la religion, alors d'accord ensemble, donnerent unanimement à l'homme dès ces premiers temps ; mais il les éluda, plutôt qu'il ne les suivit ; soit qu'il s'imaginât réellement qu'un mortel n'étoit pas capable de représenter Dieu sur la terre (ce qui est vrai en un sens) ; soit qu'il craignît de perdre tout-à-fait sa liberté, en ne songeant pas qu'il y avoit cependant des moyens légitimes d'accorder sa sûreté avec celle du trône ; soit enfin que la superstition l'emportât : au lieu de se choisir un roi parmi ses semblables, avec lequel la société auroit fait le même contrat que chaque particulier avoit fait antérieurement avec elle, l'homme proclama l'Être suprême ; il ne voulut point qu'il y eût sur la terre, comme dans le ciel, d'autre maître ni d'autre monarque.

Je ne doute point qu'on ne soit tenté de croire que l'amour de l'indépendance a été le premier mobile de cette conduite, & que l'homme, en refusant de se donner un roi visible, pour en reconnoître un qu'il ne pouvoit voir, n'ait eu un dessein tacite de n'en admettre aucun ; mais par un tel soupçon on rendroit bien peu de justice à l'homme en général, & en particulier à l'homme échappé de

la ruine du monde. Jamais il n'a été plus raisonnable qu'alors sur tout ce qui concerne
l'ordre public ; jamais il n'a été plus porté à
faire le sacrifice de sa liberté. Si, en se donnant
un roi, il fit une si singuliere application des
lumieres qu'il recevoit de sa raison & de la
nature entiere, c'est qu'il n'avoit point épuré
sa religion, comme sa police civile & domestique ; il ne l'avoit point purgée de la superftition, cette fille de la crainte & de la terreur,
qui absorbe la religion, & qui, prenant sa
place & sa figure, l'anéantit elle - même.
L'homme alors en fut cruellement la dupe ;
elle seule présida à l'élection d'un Dieu monarque ; ce fut-là la premiere époque des maux
du genre humain.

Je ne puis mieux faire connoître de quel
genre fut la superftition dont les premiers
hommes furent affectés, qu'en rappellant ici
certaines opinions qui eurent cours au commencement de notre ère vulgaire, lorsqu'on
vit naître le Chriftianisme. Cette religion, que
suivent aujourd'hui tous les peuples de l'Europe, dut sa premiere exiftence à une folie
ancienne & périodique, qui procédoit de la
corruption des dogmes primitifs dont nous
avons parlé, sur la venue du grand Juge, la
fin du monde & la vie future.

Je dis que cette folie étoit périodique, parce
que les peuples avoient presque toujours appli-
qué l'accompliffement de ces dogmes à la fin

des périodes , & qu'aux temps dont nous parlons , certaines traditions obfcures , qui donnoient fix mille ans à la durée du monde ,
depuis fa création , firent penfer que , puifque
l'on entroit dans le feptieme milliaire de fon
exiftence , la grande femaine (*a*) devoit être
fur le point de s'accomplir , & que ce dernier
milliaire alloit faire paroitre le grand *Sabbath
d'Ifraël* , le temps du triomphe & du repos des
juftes. Frappé & prévenu de cette attente
chimérique , un peuple plus fuperftitieux que
les eutres , déja répandu dans tout l'Empire
Romain , s'imagina qu'un homme , qui fe fit
alors remarquer par une vie finguliere , étoit
le grand Juge , & le perfonnage annoncé
depuis fi long-temps par les oracles , par les
prophéties , & par les Sybilles (*b*).

(*a*) On voit par l'hiftoire de la primitive églife ,
que cette chronologie , qui donnoit fix mille ans à la
durée du monde , étoit alors en vogue , & que l'attente
du Meffie étoit tellement réglée par ce période , que les
chrétiens cherchoient a convaincre les Juifs par leurs
propres annales & leurs traditions. L'Occident n'étoit
pas moins préparé à cette folie que l'Orient. Plutarque ,
dans les vies de Marius & de Sylla , dit , que vers
l'an 82 , avant l'ere vulgaire , les devins de la Tofcane
avoient déja annoncé la fin de la grande année , &
l'approche du grand renouvellement du monde.

(*b*) Perfonne n'ignore combien de fois J. C. dans les
évangiles parle de la fin du monde. S. Paul voulut de
même parler du jugement dernier devant l'Aréopage &

La mauvaise application que l'on fit, par cette extravagante idée, du dogme qui concernoit le véritable grand juge, ne manqua pas de réveiller & de ramener les erreurs correspondantes, qui avoient rapport aux deux autres dogmes, & qui, comme nous avons déja dit, étoient inséparables du premier. La fin du monde parut donc prochaine. Les nations furent saisies de la crainte du jugement dernier. Un horrible fanatisme se répandit par toute la terre. On annonça le régne de la justice : & pour prêcher la pénitence & l'abandon des choses d'ici-bas, quelques-uns s'imaginèrent réellement que le Royaume de Dieu étoit arrivé ; mais comme une multitude de circonstances ne prouvoient que trop le contraire, d'autres s'imaginèrent que le prétendu Dieu, qui n'avoit fait que se montrer, reviendroit incessamment, & qu'il régneroit mille ans sur la terre, pour faire la félicité des justes, & pour les faire jouir de toutes sortes de délices.

Cette derniere opinion, qui fut celle de ceux qu'on appella *Millénaires*, ayant été détruite par le temps & par l'événement, (après avoir néanmoins produit encore

---

devant Félix, préfet des Romains ; mais ils se moquerent de lui, & lui tournerent le dos. *Act. des Ap* *chap.* 17 & 24.

dans d'autres siécles d'ignorance des folies (*a*)
semblables) les apocalyptiques se dégoutèrent
enfin de calculer : on perdit de vüe le régne
merveilleux ; l'homme , devenu plus sage , en
remit l'événement à la fin des temps, sans
ofer les prescrire ; mais il ne fut pas moins la
dupe du passé ; & quoiqu'il ait depuis cherché à plâtrer de son mieux (qu'on me per-
mette le terme) les fondements ruineux de la
religion chrétienne que ces chimères & ces
extravagances avoient fait embrasser à ses peres, il resta dans l'idolâtrie ridicule & mystique qu'il en avoit reçûe, & il y est encore. (*b*)

(*a*) Je veux parler ici 'des terreurs du onzieme
siecle, qui ne furent qu'une suite des anciennes. On
sait quelles folies furent la honte de l'Europe, & le
triomphe des moines.

(*b*) Les premiers événements du christianisme ont
toujours été palliés & déguisés, & ce n'est pas un
petit ouvrage que de les montrer sous leur véritable
aspect ; d'autant plus que l'église a supprimé tout ce qui
ne lui étoit point favorable , & qu'elle a mieux aimé
jeter sur les premiers temps une epaisse obscurité, que
de conserver une lumiere qui ne lui pourroit être que
très-désavantageuse. Néanmoins les historiens profanes
qui nous restent, & quelques écrits des philosophes de
ce temps, peuvent beaucoup servir a jeter quelques
rayons sur ces temps, par des anecdotes détachées,
mais très - importantes. Tacite, Suétone, Porphyre,
Lucien dans son Philopater, peuvent être d'un grand
secours. Il faut aussi étudier quel étoit l'esprit des persé-

Cette légére esquisse du grand tableau qui nous représentera un jour les sources fameuses du christianisme, est aussi l'esquisse des erreurs des premiers hommes. Ce fut de leur temps, & à l'occasion des malheurs du monde, que toutes ces bizarres opinions s'emparèrent de l'esprit humain, & qu'elles y produisirent une multitude de préjugés monstrueux, dont il fut toûjours la victime.

Si ces préjugés ont paru nouveaux dans le premier siécle de nôtre ère vulgaire, c'est qu'ayant été comme absorbés, depuis un long espace de temps, sous l'amas énorme des erreurs mêmes qu'ils avoient engendrées, une terreur panique toute semblable à l'ancienne, les ranima, rendit à la superstition sa premiere face, & ramena l'homme au même point d'où il étoit primitivement parti, quoiqu'il en eût perdu le souvenir.

---

cutions que l'on fit éprouver dans ces premiers siecles aux philosophes, aux mathématiciens, aux astrologues, aux juifs & aux chrétiens, & rapprocher tous ces détails de la doctrine des premiers peres de l'églife sur la fin du monde, qui étoit leur dogme favori, comme on peut le voir dans leurs ouvrages & dans les opinions, recueillies dans le premier volume du *Traité Historique & Polémique sur la fin du monde*, & le verre d'Elie, publié à Rotterdam en 1737. Enfin il faut joindre à ces recherches une étude très-philosophique des livres du Nouveau Testament, sur-tout des Evangiles & de l'Apocalypse.

S'il y avoit ici quelque apologie à faire pour ceux qui se sont laissés tromper par ces ridicules chimères, ce ne pourroit être, sans doute, qu'en faveur des anciens témoins des révolutions de la terre, qui furent étourdis & épouvantés par des catastrophes aussi terribles que réelles; au lieu qu'à la seconde époque, la superstition n'eut d'autre principe & d'autre base que de faux calculs, & que de misérables oracles, que l'état même de la nature contredisoit & convainquoit de mensonge & d'imposture.

Ce fut cette nature elle-même, & tout l'Univers, qui séduisirent l'homme autrefois. Auroit-il pû s'empêcher, à l'aspect de tous les formidables phénomenes d'une destruction universelle, ne pas se rappeller alors des dogmes sacrés & respectables en eux-mêmes, dont il est vrai qu'il ne voyoit pas encore la fin précise, mais dont il ne pouvoit méconnoître tous les signes & toutes les approches? Ses yeux & sa raison sembloient l'en avertir à chaque instant, & justifier ses terreurs; ses maux & ses miséres étoient à leur comble, & ne lui laissoient pas la force d'en douter; les consolations de la religion paroissoient être son seul espoir; il s'y livra donc sans réserve; il attendit avec résignation le jour fatal; il s'y prépara, il le désira même; tant étoit déplorable son état sur la terre.

L'arrivée du grand Juge, & le régne de la

vie future, devinrent ainsi, dans toutes ces tristes circonstances, les seuls points de vue que l'homme considéroit avec une avidité religieuse & passionnée, comme le terme de tous ses malheurs. Il s'en entretint perpétuellement, tant que durèrent les désordres & les fermentations de son séjour; & ces dogmes y jettèrent de si profondes racines, que la nature, qui ne se rétablit sans doute que par degrés & peu à peu, l'étoit enfin tout-à-fait, lorsque l'homme attendoit encore.

Telles étoient les dispositions religieuses du genre humain, lorsque les sociétés, déja multipliées & réunies, travailloient à donner une forme réglée à leur administration civile, & songeoient à l'élection d'un roi.

Préoccupés du ciel, elles oublierent dans cet instant qu'elles étoient encore sur la terre; au lieu de donner à leur gouvernement un lien naturel, elles en cherchèrent un surnaturel; & pour ne point perdre de vue le royaume céleste, où elles aspiroient sans cesse, elles s'imaginerent pouvoir le représenter ici-bas; en ne reconnoissant d'autre monarque que Dieu même, elles croyoient, sans doute, par cette sublime spéculation, prévenir leur gloire & leur bonheur, jouir du ciel sur la terre, & anticiper sur le trop lent avenir, que la religion leur peignoit si souvent & avec de si belles couleurs. Leur spéculation fut néanmoins la source de tous leurs maux & de

toutes

toutes leurs erreurs. Les hommes voulurent, en conséquence de leur choix, appliquer les principes du regne d'en haut au regne d'ici-bas, & la plupart de ces principes se trouverent faux, parce qu'ils étoient déplacés : ce gouvernement n'étoit qu'une fiction, qu'il fallut nécessairement soutenir par une multitude de suppositions, & ces suppositions furent, avec le temps, prises pour des vérités, d'où résulterent une foule de préjugés religieux & politiques, qui précipiterent dans des abîmes affreux la religion & la police primitive.

C'est ainsi que les nations, après avoir puisé dans le bon sens & dans la nature leurs loix domestiques, économiques & civiles, les soumirent toutes à une chimere qu'elles appellerent le regne de Dieu, & que nous avons appellé *Théocratie*. (a)

Je ne suis point entré dans le détail de toutes les variétés qu'ont eu entr'elles toutes les opinions superstitieuses de ces premiers âges, au sujet du regne du grand juge. Comme la superstition n'a jamais de principes uniformes, il dut s'élever alors différentes sectes, & différents systêmes religieux, entre lesquels il en est un, que je crois ne devoir point omettre.

L'opinion que nous venons de détailler ne

_____

(a) Ce mot signifie la même chose, si on le dérive soit de l'Hébreu, soit du Grec, *la ville, la cité de de Dieu.*

D

regardoit point le grand juge comme arrivé, mais son regne paroissoit si prochain, que pour s'en rendre digne on croyoit que la société devoit se comporter d'avance comme s'il étoit prêt à paroître. Cette façon de penser étoit assez raisonnable, & il n'en seroit résulté rien que d'avantageux au genre humain, si l'on ne s'y fût livré qu'avec réserve, & avec un zele prudent & modéré : mais il y eut encore une autre opinion, infiniment absurde & mal raisonnée, dont les suites furent cruelles & funestes, ce fut de regarder l'avénement & le regne du grand juge, comme réellement arrivé. On pense que sa descente ici-bas s'étoit faite d'une façon invisible, mais que la ruine du monde en avoit été la suite évidente, & en étoit la preuve manifeste. Les maux qu'on avoit soufferts, & les grands changemens qu'on avoit vus dans toute la nature, furent pris pour les actes de sa vengeance & de ses jugemens; & comme la plus grande partie du genre humain étoit alors périe, & qu'un très-petit nombre d'hommes avoit été conservé, il ne fut que trop naturel à ceux qui donnerent dans cette opinion, d'en conclure que tous ceux que le grand juge avoit exterminés, n'a-voient pas été trouvés dignes d'habiter sur la terre qu'il avoit renouvellée, & que ceux qui avoient eu le bonheur de survivre à ses juge-mens formidables, avoient été des élus & des justes, qui avoient trouvé grace devant lui.

En conséquence de ces folles idées, on fit
une application absurde de tous ces dogmes,
on confondit le monde renouvellé avec la vie
future, c'est-à-dire, la terre avec le ciel ;
on s'imagina entrer dans l'âge de la félicité ; on
se regarda comme cette portion de créatures
choisies, auxquelles la terre des justes avoit
été promise & donnée, & sur lesquelles Dieu
seul à l'avenir alloit immédiatement régner &
présider.

Les sectateurs de ce système, quoique d'accord en quelques points avec ceux de l'opinion
précédente, formèrent une espèce d'hommes
particulière, qui se crurent plus proches que
les autres de la divinité, & qui cherchèrent
toujours à se distinguer par une vie moins
humaine ou plus mystique. On y trouvera peut-
être un jour l'origine primitive des ordres
religieux, que le paganisme, le sabéanisme
& le judaïsme connoissoient long-temps avant
le christianisme, qui n'a fait que les imiter.
Une telle recherche nous écarteroit trop de
notre sujet. Je ferai simplement remarquer que
les opinions de cette secte ont été la base
économique & politique de plusieurs nations
très-anciennes, qui se conduisoient moins
comme une société civile, que comme une société toute religieuse. Cela rendit ces nations
le fléau de toutes les autres ; car comme elles
confondoient ce monde renouvellé, avec le
règne de la vie future promis aux justes, elles

eurent l'esprit de conquête, ou une espérance
ambitieuse & turbulente de posséder un jour
la monarchie universelle à titre d'héritage.
C'est par une suite de cette fatale méprise que
les charnels hébreux exterminerent les cana-
néens, pour s'emparer de leur pays comme
d'une terre promise par le Dieu de leurs
ancêtres. C'est de même dans cette source
qu'il faudra chercher ces prétendus oracles,
& toutes ces obscures promesses des dieux, à
l'abri desquelles les romains pleins de hardiesse
& de confiance marcherent toujours, d'un
pas ferme & sûr, à l'empire du monde.

SECTION VIII.

Le souvenir des anciennes théocraties est absorbé par le temps ; les fables seules en conservent quelques vestiges.

POUR trouver dans l'Antiquité le gouvernement théocratique, auquel toutes les premieres sociétés se soumirent, je ne dissimulerai point que l'histoire nous manque, & qu'elle ne peut ni ne pourra jamais nous en fournir de preuves directes, & encore moins des exemples. Les temps où les théocraties ont eu lieu sur la terre sont si reculés dans la nuit des siécles, qu'il n'en étoit resté dans l'antiquité même qu'un souvenir très-obscur, les monarques & les Docteurs des hommes avoient intérêt de l'éteindre tout-à-fait ; ensorte que les foibles vestiges qui en sont restés ont été par la suite absorbés par la fable, & confondus avec une multitude d'allégories obscures, & de traditions ridicules, que l'histoire a toujours méprisées, & qui ne sont plus aujourd'hui que du domaine de la mythologie qui nous les a transmises.

C'est donc dans ce fond ténébreux que je vais être réduit à chercher les traces & les empreintes de la théocratie primitive ; ce ne sera point,

à la vérité, le moyen d'autorifer ces recherches
aux yeux du plus grand nombre, qui dédaigne
les temps mythologiques, ou qui ne les connoît
pas ; elles ne plairont qu'à un très-petit nombre
d'hommes privilégiés , dont le génie, foutenu
de connoiffances, eft feul capable de faifir l'en-
femble de toutes les erreurs humaines, d'appercevoir la preuve d'un fait hiftorique ignoré,
dans le crédit d'une erreur univerfelle ; & de
remonter de cette erreur à la vérité ou à l'é-
vénement qui l'a fait naître , par la com-
binaifon réfléchie de tous les différents afpects
de cette même erreur.

Ce ton d'univerfalité & d'uniformité qu'ont
affecté certaines opinions dans tous les temps
& dans tous les climats, qui femble déceler
aux yeux d'un efprit raifonnable un principe
folide & certain, & non les effets capricieux
& bizarres de l'imagination des poëtes & des
autres écrivains de l'antiquité, fait finguliérement en faveur du fujet que je traite, & fe
trouve dans les traditions conftantes des plus
anciennes nations du monde, lorfqu'elles parlent du regne des dieux fur la terre, qui a
précédé le regne des demi-dieux, & celui des
rois, dont elles ont diftingué prefque toutes
les trois époques fucceffives. Sans rappeller ici
les Egyptiens, les Phéniciens, les Chaldéens,
les Grecs & l'ancienne Italie, dont les théocraties mythologiques ont rebuté tous nos
chronologiftes, les Indiens, les Japonois, &

jufqu'aux Américains mêmes, avoient auffi con-
fervé le fouvenir d'un temps où leurs pays
avoient été honorés de la réfidence des dieux,
qui étoient defcendus fur la terre pour y faire
le bonheur des hommes, pour les civilifer &
leur donner des loix. La durée fabuleufe de
ces regnes eft prefque toujours réglée par de
grands périodes, & par des nombres aftronomiques. Les motifs particuliers de la defcente
de ces dieux, font chez tous les peuples, les
miferes & les calamités du monde. L'un eft
venu, difent les Indiens, (a) pour foutenir la
terre ébranlée, qui s'enfonçoit fous les eaux;
un autre eft venu fecourir le foleil, auquel un
grand dragon faifoit la guerre; celui-ci eft def-
cendu pour combattre des monftres & des géans
qui défoloient le genre humain; & celui-là,
pour exterminer des nations perverfes.

Je ne rappellerai point toutes les guerres &
les victoires des dieux, grecs & égyptiens, fur
les typhons, les pythons, les titans, & les
géans; elles font trop connues, & l'on fait que
toutes les grandes folemnités du paganifme en
célébroient la mémoire.

Vers tel climat que nous tournions les yeux,
on y retrouve donc cette finguliere tradition
d'un âge théocratique, & nous pouvons remarquer qu'indépendamment de l'uniformité
des préjugés qui décélent un événement quel

(a) *Cérem. Relig. Tom. VI.*

D iv

qu'il puisse être, cet événement est désigné
comme étant voisin des anciennes révolutions
naturelles, puisque les regnes de ces dieux y
sont généralement ornés & remplis de toutes
les anecdotes littérales ou allégoriques de la
ruine & du rétablissement du monde. Ce seroit
une peine inutile, & même une folie, de
prétendre justifier en détail toutes les fables qui
ont rapport à ces regnes merveilleux, & de
vouloir combattre sérieusement ou chercher à
autoriser la longue durée que les nations ont
donnée à l'empire de leurs dieux ; nous devons nous contenter pour le présent de l'ensemble frappant qu'elles nous offrent, & juger
par le seul aspect du tableau général. Ainsi
quoique toutes ces annales soient fabuleuses
pour la durée, pour les faits ou pour la mauvaise application des faits, elles ne peuvent être
fabuleuses pour les fonds ; elles ne nous parlent
point d'un âge imaginaire que l'on doive retrancher de l'histoire du monde, comme on a
fait jusqu'ici ; mais d'un âge & d'un état réel,
qu'il faut concilier avec cet ancien état du
genre humain dont nous venons de découvrir
& de suivre les progrès.

Les Hébreux semblent nous montrer plus
distinctement une véritable époque historique,
& un exemple mémorable des anciennes théocraties, dont je pourrois ici m'autoriser sans
me plonger dans l'obscurité des siecles fabuleux :
mais, quelque respect que l'on ait encore pour

les antiques annales de ce peuple, elles ne peuvent être ici regardées sous un autre point de vue que celles des autres nations.

Les *Josué*, les *Débora*, les *Barak*, les *Gédéon*, les *Jair*, les *Jephté*, les *Booz*, les *Abedon*, les *Samson*, les *Ruth*, les *Noëmi*, & tous les héros enfin & les héroïnes de la théocratie judaïque, ne sont que des *Soleils*, des *Osiris*, des *Apollons*, des *Mercures*, des *Janus*, des *Hercules*, des *Cérès*, des *Cybeles*, & des *Proserpines*.

Le Paganisme & le Judaïsme sont deux Mythologies, qui n'ont de vrai l'une & l'autre que leur source commune, l'abus de l'histoire de la nature (a). Il faut donc prendre entre

_____

(a) La ressemblance intime qu'il y a entre une multitude de faits & de personnages de la Bible & de la Fable, a été pressentie, étudiée & connue de presque tous les peres de l'église, des commentateurs, des interpretes ; mais ils en ont tous méconnu ou pallié l'origine & la source. Leur système le plus général a été de chercher les dieux du paganisme dans l'abus qu'ils prétendent qu'ont fait toutes les nations des livres de Moyse & de l'histoire de la Judée ; soit que ces écrivains n'aient en cela consulté que leur amour propre ou leur superstition, soit qu'ils aient été forcés par les rapports connus & évidents qu'ils n'ont pu méconnoître entre les antiquités sacrées & celles qu'ils ont appellées profanes ; sans rappeller ici les sentiments de plusieurs savants qui ont combattu le système des peres, qui rencontre à chaque pas des difficultés énormes ; je crois que l'on peut applanir les difficultés de cet ancien problême par ce raisonnement. Si les dieux & les heros du

elles un juste milieu, c'est-à-dire, ne point
mépriser tout-à-fait les théocraties payennes,
qui nous voilent des vérités, & ne point
donner une confiance sans bornes à la théocratie judaïque, qui contient mille fables semblables à celles des autres nations : elles sont,
à la vérité, décorées d'un air historique, &
paroissent quelquefois mieux liées & plus
approchées de nous ; néanmoins leur chronologie est aussi fausse que leurs faits ; & il n'y a

----

Paganisme ne tirent leur origine que de l'abus de l'histoire, de la nature & des figures allégoriques & symboliques de la haute antiquité, comme l'a évidemment
démontré l'auteur de l'*Histoire du Ciel*, de quelle autre
source pourroient provenir les patriarches & les héros
des Hébreux, qui ont avec ces dieux imaginaires une
ressemblance & un rapport si frappants, que les juifs &
les chrétiens n'ont jamais pu les contester ! Deux histoires ou deux fables semblables ne doivent-elles pas
avoir une commune origine ? C'est la conséquence
générale qu'en a tirée M. Pluche avec une prévention
singulière, puisqu'il n'a point lui-même profité de ce
trait de lumière. " Le paganisme, dit-il, n'est point
" sorti du judaïsme, ni le judaïsme du paganisme ; ils
" doivent l'un & l'autre ce qu'ils ont de commun à une
" commune & unique origine. „ Si cet auteur eût eu
autant de génie qu'il paroit montrer de connoissances
dans son ouvrage, l'*Histoire du Ciel* eût été un grand
livre ; mais on y voit régner une superstition aveugle
& continue, & une petitesse d'esprit, qui peuvent faire
douter qu'il ait tiré de sa tête les excellents matériaux,
dont sa main s'est si mal servie.

de véritable & de réel , qu'une ancienne vérité qu'elles nous cachent & qu'on n'y peut qu'entrevoir , comme dans toutes les annales payennes.

En réfutant ainsi la preuve la plus directe & la plus historique qui semble se présenter en faveur du sujet que je traite , pour la ramener dans la classe de ces seuls pressentiments , que fait naître le spectacle uniforme de la Mythologie de tous les peuples , ce n'est point borner ici nos recherches ; c'est apprécier à sa juste valeur ce fond immense de traditions hébraïques , dont on ne pourra tirer quelque profit un jour , qu'autant qu'on les étudiera sous le point de vue commun , qui peut seul les ramener à ce foyer général , où le concours de toutes les fables forme une lumière vraiment historique ; lumière qu'elles ne peuvent produire lorsqu'elles sont séparées , & , pour ainsi dire , rendues divergentes par un esprit national & par les préjugés.

Je n'entreprendrai point ici ce grand travail, qui demande que l'on fasse pour les *Hébreux* une *Histoire du Ciel* , ainsi que M. Pluche en a fait une pour les *Egyptiens* : mais il est encore un autre fond non moins considérable, où nous pouvons chercher & suivre les traces de l'ancien gouvernement théocratique ; ce sont les ouvrages religieux & politiques des nations , qui , malgré la corruption & le déguisement de leurs motifs primitifs , peuvent s'éclairer mutuellement les uns par les autres, & diffiper une grande partie des ténebres qui ont obfcurci l'hiftoire des premiers âges du monde.

Examinons auparavant quels ont dû être les ufages & les coutumes de nos peres dans leur théocratie, & fi nous trouvons enfuite ces mêmes ufages, ou les abus qui ont pu en naître, chez toutes les nations, ce fera fans doute une preuve qu'elles en ont toutes originairement connu les véritables fources.

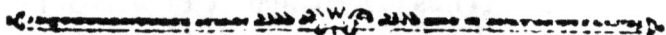

SECTION IX.

Quels ont été les ufages théocratiques. On retrouve chez toutes les nations, & ces ufages, & les abus fortis de ces ufages corrompus.

L'ÉTAT théocratique ayant été adopté & regardé par les hommes comme un état civil & politique, un de leurs premiers foins fut de repréfenter au milieu d'eux la maifon du Dieu monarque, de choifir dans cette maifon un lieu particulier pour fa réfidence, & de le diftinguer par un trône. C'étoit-là, fans doute, qu'ils devoient fe réunir pour lui rendre fes hommages, pour recevoir fes ordres, & pour lui demander des graces ; c'eft-à-dire, pour lui offrir leurs vœux & leurs prieres.

Ces institutions ne furent d'abord qu'un cérémonial allégorique : mais avec le temps il fut pris à la lettre ; tous les usages civils devinrent des usages religieux ; il fallut avoir recours à Dieu dans toutes les affaires publiques & particulieres ; la religion absorba la police, dont elle se rendit la souveraine ; & à mesure qu'elle augmenta ses droits temporels, elle se corrompit elle-même, & changea de nature. La maison du Dieu monarque & son trône, devinrent peu à peu son temple & son sanctuaire. L'homme, s'imaginant que l'Etre suprême chérissoit ce lieu plus particuliérement qu'aucun autre, se persuada qu'il y habitoit réellement. Ses idées sur la Divinité se rétrécirent de plus en plus. Au lieu de regarder simplement les temples comme des lieux d'assemblées & de prieres publiques, infiniment respectables par cette seule & vraie destination, il y chercha le Maitre qu'il croyoit y résider, & ne pouvant l'appercevoir, il ne tarda pas à y mettre une représentation, & à l'adorer.

L'Etre suprême étant considéré comme le roi de la société, le signe de l'autorité & le sceptre de l'empire ne dut point être mis entre les mains d'aucuns particuliers ; il dut être déposé dans la maison & sur le siege du céleste monarque, c'est-à-dire dans un temple, & dans le lieu le plus respectable de ce temple, c'est-à-dire, dans le sanctuaire. Le sceptre, & les autres marques de l'autorité royale, n'étoient, dans les premiers temps , que des bâtons & des rameaux , les temples que des cabanes , & le sanctuaire qu'une corbeille ou un coffre ; c'est ce que toute l'antiquité nous apprend.

Dans les fêtes commémoratives de l'ancien état du genre humain, que les Japonois (a) observent encore , ils y représentent sur la scene tous ces signes rustiques de la primitive autorité ; ils nous expliquent par-là certaines solemnités & certains mysteres des Egyptiens & des Grecs, où nous retrouvons ces mêmes emblêmes. Personne n'ignore l'histoire de la verge d'Aaron ; elle a la même origine ; déposée dans le sanctuaire & dans l'Arche , elle n'avoit été primitivement que le sceptre du Dieu monarque ; mais elle étoit devenue chez les Hébreux le signe du suprême ministere de la famille de Lévi ; parce que , dans le gouvernement théocratique , les prêtres en ayant été les officiers naturels & les ministres , en sont bientôt devenus les vrais souverains , comme nous le verrons par la suite.

L'histoire ancienne nous conserve encore une autre anecdote , qui confirme ce que j'expose sur les usages , & sur les progrès des abus qui leur ont succédé. Elle rapporte que les premiers temples que les hommes ont ensuite élevés à la place des cabanes & même des cavernes , qui

_____

(a) Kempfer.

en avoient d'abord tenu lieu, n'ont été pendant long-temps que de simples enclos, qui ne contenoient aucune de ces repréfentations de la Divinité, dont ils furent remplis dans les fiecles fuivants.

Le code des loix civiles & religieufes ne dut point non plus être remis entre les mains d'un magiftrat particulier ; on le dépofa donc au fancluaire ; & ce fut à ce lieu facré qu'il fallut avoir recours pour connoître ces loix & pour s'inftruire de fes devoirs. Ceci eft un ufage dont toute l'antiquité payenne, & celle des Hébreux nous offrent une infinité de témoignages. Tous les temples avoient une corbeille, un coffre, une arche, où les facrés dépôts de l'autorité & de la légiflation étoient confervés avec une religion qui s'étoit changée chez la plupart des peuples en une fuperftition fi déplorable, qu'on étoit parvenu, en confondant les loix avec le Dieu légiflateur, à n'ofer regarder tous ces fignes inftructifs, fans crainte de mourir ou d'être exterminés.

Dans ces fêtes payennes qui portoient le nom de fêtes de la légiflation, comme les *Pelilies* & les *Thefmophories*, l'objet principal du cérémonial étoit devenu un fecret redoutable, & l'on y faifoit au peuple un myftere de fes devoirs.

Ce qu'il y avoit de plus caché dans les fêtes d'Ifis, de Cérès & de Cybele, dans les myfteres de Samothrace & des Etrufques, &c. n'avoit

eu primitivement pour objet que d'apprendre
à tous les hommes à bien vivre pour parvenir
à une heureuse fin ; que de les instruire sur
l'ordre & le sujet des fêtes ; que de les engager
au travail & à l'industrie : mais toutes ces utiles
leçons, déposées dans le sanctuaire, furent
réservées par la suite pour un petit nombre
d'initiés, auxquels, après de longues épreu-
ves, on faisoit promettre sous d'affreux ser-
ments de ne rien révéler au vulgaire : (*a*) Tant

_____

(*a*) Le secret de ces mysteres étoit d'autant plus cri-
minel que les mysteres n'avoient pour objet que le bien
du genre humain. *Ceux qui ont part à ces initiations,*
disoit Socrate, *s'assurent de douces espérances pour le
moment de leur mort & pour toute la durée de l'éternité.
Ils ont été établis,* dit Epictete, *pour régler la vie des
hommes, & pour en éloigner les désordres. Tout ce qu'on
y apprend,* dit Ciceron, *ce sont toutes les vérités dont
nous avons besoin pour régler ici-bas notre conduite. Par
les mysteres,* dit-il ailleurs, *nous avons connu les moyens
de subsister, & les leçons qu'on y donne, sont faites pour
apprendre aux hommes à vivre en paix & avec modération
entr'eux, pour mourir dans l'espérance d'un meilleur
avenir.* Il est aisé de voir par ces grandes vérités, con-
servées comme des mysteres dans le paganisme, qu'il
n'y auroit jamais eu de paganisme, si les prêtres, qui
eurent dans la Théocratie le dépôt de la police & de la
religion, eussent été au contraire soumis à cette police
publique, & n'eussent pu regarder comme leur bien
cet important dépôt qui ne leur étoit que confié. On
peut remarquer aussi par-là, qu'il en étoit de l'idolâtrie
comme il en est de toutes les religions présentes, que
la morale en étoit bonne, mais que l'historique n'en
valoit rien.

il est vrai que les prêtres, qui ont été établis pour conduire l'homme dans le bon chemin, ont craint dans tous les temps qu'il ne le connût & qu'il n'y marchât.

Dès que la nature de la théocratie exigea nécessairement que le dépôt des loix gardées dans le sanctuaire, parût émané de ce Dieu même ; & dès qu'on fut obligé de croire qu'il étoit le législateur des hommes, comme il en étoit le monarque, il fallut, par la suite des temps, avoir recours au mensonge & à l'imposture, pour imaginer de quelle façon ces loix étoient parvenues sur la terre ; il fallut supposer des révélations surnaturelles & merveilleuses, pour les faire descendre du haut du ciel, pour les faire prononcer & même écrire par la Divinité, par des Dieux & par des déesses ; il fallut en aller chercher l'origine sur des montagnes enflammées, dans des déserts, dans des cavernes & des forêts solitaires, tandis qu'elles étoient gravées dans le cœur du genre humain, & que la raison publique des sociétés primitives en avoit été l'unique source & le véritable organe.

Par ces affreux mensonges, l'on a ravi à l'homme l'honneur de ces loix si belles & si simples, qu'il avoit faites lors du renouvellement des sociétés. Par-là l'on a affoibli le ressort & la dignité de sa raison, en lui faisant faussement croire qu'elle n'étoit pas capable de le conduire, tandis que c'est le privilege & l'objet de ce don sublime & presque divin, que l'homme seul sur la terre a reçu du créateur.

La nécessité d'une révélation pour apprendre à l'homme ses devoirs, est un système ancien & funeste, qui a produit les plus grands maux dans la société : le décri où il a fait tomber la raison chez le plus grand nombre des hommes, rend le crime des Législateurs mystiques presque irréparable. (a)

Si l'imposture a toujours été chercher l'origine des loix dans les déserts, on sent aisément qu'elle l'a fait pour mentir avec plus de hardiesse & de sûreté. Cette conduite qui devoit être si suspecte, l'étoit cependant d'autant moins alors, qu'elle s'accordoit avec quelques autres préjugés, qui tiroient aussi leur source des anciennes impressions causées par les malheurs du monde. Comme on avoit attribué ces malheurs à la descente & à la présence du grand

---

(a) S'il est un moyen de réparer les maux produits par le dogme chimérique de la révélation, & de rendre les hommes sages & heureux, autant qu'ils peuvent l'être ici-bas, c'est de leur inspirer de l'amour, de l'estime & du respect pour leur raison, & de faire de ces trois devoirs la base de toute éducation. C'est par-là qu'on pourra changer un jour la face du monde ; les conséquences qui dérivent de cet amour, de cette estime & de ce respect, composent le véritable code de sa conduite, de sa morale, de sa religion & de sa philosophie.

Juge, on en avoit conclu par la fuite, que ce grand Juge étoit fi redoutable & fi terrible, qu'il ne pouvoit fe montrer fans faire périr l'Univers. Ce fut donc toujours derrière un voile, dans des nuages obfcurs & fombres, & dans des déferts écartés, qu'il fallut le faire defcendre, lorfqu'on feignit par la fuite qu'il ne venoit que pour donner des loix & pour faire du bien aux mortels.

Telle fut la caufe, dans les temps de menfonge, de la docile imbécillité des hommes. C'eft encore de-là qu'étoit fortie cette autre opinion de l'antiquité Payenne & Judaïque, qu'on ne pouvoit voir Dieu fans mourir. Le dogme de l'apparition du grand Juge, & celui de la fin du monde, étant deux dogmes inféparables, l'homme devoit croire fa ruine certaine & prochaine, quand fon imagination avoit vû cet être redoutable.

Le Dieu monarque de la fociété ne pouvant lui commander d'une façon directe, l'homme fe mit dans la néceffité d'imaginer des moyens de connoître fes ordres & fes volontés; une abfurde convention établit donc dans la théocratie, des fignes fur la Terre & dans le Ciel, que l'on regarda comme les nterprêtes du fouverain invifible. Les Hébreux, par exemple, allèrent confulter l'*Urim* & le *Tummim*; c'étoient douze pierres précieufes, nommées *Lumières* & *perfections*, parce qu'ils s'imaginoient que les différents rayons qu'elles jettoient faisoient connoître la volonté suprême. Les Egyptiens avoient un Oracle semblable, (a) qu'ils nommoient *Vérité*. Chaque nation eut le sien. On vit paroître une foule d'inspirés, de devins, de Prophètes ; on vit naître les augures, les Aruspices, & une multitude de révélations de toute espèce. En police comme en religion, l'homme ne consulta plus sa raison ; il crut que sa conduite, ses entreprises, & toutes ses démarches devoient avoir pour guide un ordre & un avis particulier du Ciel ; & comme les Prêtres en étoient les organes, toutes les nations de la terre s'en rendirent les esclaves, les victimes & les dupes.

Quoi qu'ait pû faire l'imposture pour déguiser la véritable origine des loix, comme elle est sujette, à cause de son ignorance naturelle, à suivre les préjugés reçûs, lors-même qu'elle en invente de nouveaux, elle n'a pû totalement effacer par ses fables les anciens traits de la vérité.

Nous avons vû que le sujet & l'objet des premières loix & des premiers sentiments du monde renouvellé avoit été de réparer les maux du genre humain, de pourvoir à sa subsistance, & à la multiplication de ce qui en étoit resté, de favoriser les inventions & les

_____

(a) Elien, Varron, Diodore parlent de cet oracle.

inventeurs, & d'entretenir dans le cœur des hommes la reconnoissance & la crainte, en leur retraçant souvent les anciens phénomenes de la destruction du monde. Un code des loix faites dans de pareilles vûes, ne devoit-il point être appellé le *Code de la terre sauvée* ? & ne seroit-ce point ce titre que nous cacheroit celui de *Code Mosaïque*, que portent les loix des Hébreux ? Un tel titre dans la langue de l'Egypte, qui est un pays bas & maritime, devoit signifier *le Code sauvé des eaux*, ou de *la terre sauvée des eaux*, comme le Code des loix de Zoroastre, nommé *Zenda-Vesta*, pourroit signifier, pour la Perse & dans les montagnes de la haute Asie, *le Code de la terre sauvée du feu.* Une multitude d'autorités, qu'il seroit trop long de rapporter ici, mais que je vois dans les Ecritures mêmes des Hébreux, dans leurs fêtes, dans leurs usages, & dans toutes leurs traditions, me porte à changer ces soupçons en une certitude parfaite. (*a*)

(*a*) Par les recherches particulieres que j'ai faites sur les solemnités nouvelles des Hébreux, & par leurs comparaisons avec certaines fêtes d'Athenes, de Syrie, & d'autres peuples qui avoient rapport aux déluges d'Ogygès, de Deucalion & de Promethée, je suis parvenu à l'évidente démonstration que la Pâque, la Pentecôte, la fête des Tabernacles & autres commémorations Hébraïques, avoient toutes eu pour anciens

C'eſt de l'épithéte, *Moſée* ou *Moſaique*, qui avoit été donnée aux loix, aux uſages, & aux hymnes de l'ancienne Egypte, & de l'épithéte *Zertuſt* ou *Zend*, qui avoit été donnée aux inſtitutions des Peuples de la haute Aſie, qu'ont été faits des *Muſes*, des *Muſées*, (e) des Moyſes & des Zoroaſtres, qui n'é-

---

motifs les miſeres du genre humain détruit & renouvellé ; ainſi l'on peut être ſûr que l'origine que je donne ici au code moſaique n'eſt rien moins qu'un ſoupçon. Cette découverte donne la ſolution de toutes les relations des voyageurs, qui preſque en tout pays ont trouvé des inſtitutions moſaiques. Ce n'eſt point que les loix d'un Moyſe y ſoient parvenues : c'eſt que les uſages & les coutumes des Hebreux, ſont en grande partie des commémorations de ces anciens malheurs du monde, qui ont été univerſels & généraux, & qui ont fait partout la même impreſſion ſur les hommes.

(a) M. Pluche a reconnu quelle étoit la ſource des *Muſes* & des *Muſées* : mais il a gliſſé ſur *Moyſe* avec aſſez de mauvaiſe foi. Il en eſt de même de *Menès*, de *Mines* & de *Numa*, dont on a fait des rois légiſlateurs, parce que leurs noms ſignifient *légiſlation*. Les hymnes d'*Orphée*, qui chantoient l'ennemi du monde mis à la renverſe, ſont auſſi provenues de-là. On a fait un grand poëte en perſonifiant l'épithéte caractériſtique de ces hymnes. Les cantiques d'*Apollon*, ce dieu victorieux & grand muſicien ; les pſeaumes du roi *David*, ce grand chantre & le ſeul grand conquérant qu'aient eu les juifs, dévoient l'un & l'autre avoir la même origine. *Apollon* ſignifie le deſtructeur, le vainqueur de l'ennemi, parce qu'il combattit le ſerpent Python, monſtre enfant du déluge, & ſes cantiques chantoient

toient d'abord que des titres de législation ,
mais qui se sont par la suite métamorphosés
en Poëtes , qui ont chanté, dit-on, l'origine
du monde, & en fameux légiflateurs, dont
les uns ont été fauvés de l'eau, & les autres
du feu.

Tout le plan de l'histoire nationale des hébreux marche presque toujours sur les sombres
vestiges de l'histoire naturelle du monde; c'est
après des maux & des souffrances infinies, que
leur loi leur est donnée sur le mont Sina au
milieu de toute la nature émue.

L'Egypte , cette terre d'angoisse , où ils
avoient demeuré si long-temps, a été presque
exterminée par le feu , par les eaux, par les
ténebres, par la peste, par la famine, & par
tous les fléaux apocalyptiques. Ces Hébreux
eux-mêmes avant d'entrer dans le chetif pays
qu'il appelloient leur *Terre promise* , avoient

---

sa victoire. *David* , dont les véritables racines sont
Abed, Avaddon & *Aveddach* , perte & destruction,
signifie l'*exterminateur*. Les pseaumes ne parlent que
de la fin du monde & de la venue du grand juge. Leur
titre le plus souvent porte *pour la fin*: expression à laquelle on n'a rien compris jusqu'ici, ainsi qu'à beaucoup d'autres obscurités de ces pseaumes, qui s'éva-
nouiront néanmoins aussi-tôt qu'on n'y voudra plus
voir David ou le Messie, mais un personnage allégorique, commémoratif & instructif sur le passé & sur le
futur, tel que pouvoit être l'*Adonis* mort & ressuscité
des anciens Phéniciens.

pendant quarante années souffert dans les déserts des miseres si grandes, qu'elles renou-
vellerent leur race , & que tous ceux qui
avoient vu leur ancienne demeure n'habiterent
point dans la nouvelle : on les voit tous successivement détruits dans une terre aride &
sauvage , par des embrasements , par des
gouffres , par des géans , par des dragons , par
la faim & par la soif ; enfin on les voit errants
sans cesse , & toujours crians & gémissans , à
l'occasion de nouveaux fléaux & de nouvelles
calamités.

N'est-ce point là le vrai tableau du triste &
ancien état du genre humain, & du passage de
l'ancien monde au nouveau, dont il ne paroît
que trop que les Hébreux se sont emparés pour
se l'approprier, & pour en faire les anecdotes
particulieres de leur merveilleuse histoire?

Je ne suivrai pas plus loin cette intéressante
carriere : je me contente de faire remarquer
encore que l'histoire de leurs miseres, & de
leur fameux passage dans la terre promise,
précéde immédiatement chez eux celle de leurs
temps théocratiques, ainsi que les anciens
malheurs du monde précéderent les théocraties
qui en furent les suites.

Nous venons de voir jusqu'ici quelles ont
été en partie les erreurs morales & historiques
dont les sociétés théocratiques s'infecterent
pour avoir confié le dépôt des loix & de l'autorité aux prêtres, comme officiers du sanctuaire

tuaire & ministres du roi grand juge. Il en est
sorti d'assi absurdes & d'aussi déplorables des
tributs que l'on crut devoir lui payer. Il y a
quelque apparence que dans les premiers temps
les sociétés n'eurent point d'autres charges ni
d'autres tributs à payer à l'être suprême que
les prémices des biens de la terre, que l'on
tenoit de sa main bienfaisante, & que cet
hommage étoit plutôt un acte extérieur de
reconnoissance qu'un tribut civil & réel, dont
le souverain dispensateur n'a pas besoin. Il n'en
fut plus de même lorsque d'un être universel
chacun en eut fait son roi particulier; il lui
fallut, comme nous avons dit, une maison,
un trône, des officiers, des ministres, & enfin
des revenus pour les entretenir.

Le peuple porta donc dans son temple la
dîme de ses biens, de ses terres, & de ses
troupeaux. Il savoit qu'il tenoit tout de son
divin roi : que l'on juge de la ferveur avec
laquelle chacun vint offrir tout ce qui pouvoit contribuer à l'état & à la magnificence de
son monarque : on en vint jusqu'à s'offrir soi-
même, sa famille & ses enfants : on crut pouvoir, sans se déshonorer, se reconnoître
esclave de celui qui nous a fait libres, &
l'homme ne se rendit par-là que le sujet & l'esclave de ses ministres hypocrites. Les prêtres
dévorèrent seuls tous les dons, & partagèrent
entr'eux les dîmes de l'invisible souverain, le
regne du ciel les rendit maîtres du regne de la

E

terre, & leur cupidité croiſſant en raiſon de la ſimplicité des peuples, ils ne ceſſerent de tendre des piéges à la piété généreuſe.

Pour la forme & pour la décence, les prêtres eurent le ſoin cependant d'expoſer les dons du peuple devant le ſanctuaire, d'égorger devant le Dieu monarque les animaux qui lui étoient offerts, d'en répandre le ſang en ſa préſence, d'en rôtir & d'en brûler une partie à ſon intention. Mais ce ridicule & barbare uſage, qui diminuoit peu la portion ſacerdotale, ne ſervit qu'à en familiariſer l'ordre avec le ſang; les prêtres devinrent d'impitoyables bouchers, & les temples ſe changerent en lieux de carnage, où le ſang humain, en mille endroits de l'univers, fut enſuite préféré à celui des animaux, & ruiſſela pendant un grand nombre de ſiécles.

Il n'eſt pas beſoin, ſans doute, de faire ici l'application de ces uſages à ceux du paganiſme & du judaïſme, pour y reconnoître l'origine de ces ſacrifices perpétuellement offerts dans les temples, avec une dépenſe & une profuſion qui ſemble avoir dû exterminer les troupeaux. Leur premiere intention avoit été de couvrir la table du roi théocratique; de-là les prêtres de Bel perſuaderent au peuple que leur Dieu mangeoit réellement les victimes qu'on lui offroit. Les Grecs & les Romains, dans les calamités publiques, aſſembloient pareillement tous leurs dieux autour d'une rable, qu'ils couvroient des viandes les plus exquises ; ainsi cet usage, qui n'avoit été d'abord qu'un cérémonial figuré, pour soutenir dans tous les points l'extérieur du gouvernement surnaturel qu'on s'étoit donné, fut, comme on le voit, pris à la lettre, & la Divinité étant traitée comme une créature mortelle, on la perdit à la fin de vue, & l'homme devint idolâtre.

Toutes les nations qui donnerent dans cette absurdité, (& elles y donnerent toutes) conserverent néanmoins le souvenir d'un temps primitif, où les temples n'avoient point été ensanglantés, & où l'on ne présentoit à l'être suprême que les prémices des biens & des fruits de la terre ; prouve que les sacrifices sanglants n'étoient, comme je viens de le dire, qu'un de ces abus ridicules, qui s'étoient introduits avec le temps. De tous les peuples du monde, il n'en est point non plus un seul qui ne nous ait montré l'affreux spectacle des victimes humaines ; barbarie inconcevable, qui n'auroit jamais pu s'introduire parmi les nations, si par les sacrifices des animaux elles ne s'étoient familiarisées avec cette idée cruelle, que la Divinité aime le sang : il n'y eut plus qu'un pas à faire pour égorger les hommes, afin de lui offrir le sang le plus cher & le plus précieux qui soit, sans doute, à ses yeux.

Cette atroce façon de penser fait encore la

base des mysteres du christianisme. Quelle horreur ! » Est-ce là, dit Plutarque, (a) adorer
» l'être suprême ? est-ce avoir de la Divinité
» une idée qui lui fasse beaucoup d'honneur,
» que de la supposer altérée du sang humain,
» avide de carnage, & capable d'exiger &
» d'agréer de tels sacrifices ? « .....

Les Typhons & les Géans, s'ils eussent
triomphé du ciel, auroient-ils pu établir sur
la terre des sacrifices plus abominables ? Quelle
leçon dans la bouche d'un de ces hommes qu'on
appelle Payens, pour tous ces docteurs du
christianisme, qui prétendent que le sang de
tous les hommes n'auroit point suffi pour
appaiser leur Dieu, & qu'il lui a fallu pour
cela un sang divin ! N'est-ce pas renchérir,
avec le plus étrange fanatisme, sur la barbarie
la plus grande ?

Les dimes, qui n'étoient que le tribut dû à
la royauté de l'être suprême, ne servirent donc
qu'à nourrir & à entretenir l'orgueil du sacerdoce : elles devinrent son bien de droit
divin ; (b) & comme sous un tel gouvernement, tout religieux & tout mystique, les
fautes secrettes, & jusqu'aux souillures lé-

(a) *Plut. de Superst.* pag. 169, 171.
(b) Les dixmes dans la théocratie, appartenoient à
Dieu comme monarque ; lorsque les juifs changerent ce
gouvernement mystique, & qu'ils élurent des rois, les
rois reçurent les dixmes. *Liv. des Rois*, chap. 7. v. 15.

gales, (*a*) étoient des fautes civiles, les prêtres
eurent intérêt d'en étendre les cas à l'infini,
parce que les amendes, les expiations, & les
victimes qui en résultoient, augmentoient les
tréfors & l'abondance du grand juge, c'est-à-
dire, de ses ministres.

Il est encore un autre article fur lequel je
pourrois m'étendre ; ce feroit fur le détail des
meubles & des uftenciles qui furent deftinés au
monarque, mais ce fingulier inventaire nous
méneroit trop loin ; il fuffit d'être prévenus que
ces chars, ces boucliers, (*b*) ces armes, &
même ces troupeaux entiers de bœufs & de
chevaux que toute l'antiquité confacroit à fes
dieux, avoient été dans les anciennes théocraties, les équipages & les domaines du monarque invifible, & qu'ils fervoient particuliérement à certaines fêtes, pendant lefquelles

_____

(*a*) Les ordonnances légales de tous les anciens
peuples proviennent en partie de la fimplicité de leur
âge, comme il n'y avoit alors ni luxe ni magnificence,
on ne pouvoit exiger d'autre parure pour fe préfenter
devant le Dieu monarque, qu'une grande propreté du
corps ; la plus petite fouillure étoit une indecence que
la loi puniffoit ; & comme l'imagination voit beaucoup
de fouillures, la fuperftition a toujours fait d'amples
recherches fur cette matiere, fur-tout dans les pays
chauds.

(*b*) Rome avoit fes boucliers facrés qui font connus
de tout le monde, mais on n'a jamais fait affez d'attention aux boucliers d'or du temple de Jérufalem.

E iij

on s'imaginoit que le Dieu defcendoit fur la terre.

Paffons actuellement à l'une des plus fu-neftes fuites qu'eut le gouvernement théo-cratique.

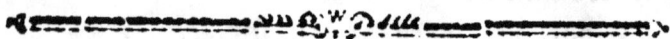

SECTION X.

Les théocraties produifent l'idolâtrie.

IL eft fi difficile à l'homme de fe former l'idée d'un être grand, puiffant, immenfe, & pour-tant invifible, tel qu'eft Dieu, fans s'aider de quelques idées & de quelques comparaifons humaines & fenfibles, qu'il fallut prefque néceffairement dans les théocraties en venir à fa repréfentation. Il étoit alors bien plus fou-vent queftion de l'être fuprême qu'il n'eft au-jourd'hui ; indépendamment de fon nom & de fa qualité de Dieu, il étoit Roi encore ; tous les actes de la police, tous ceux de la reli-gion ne parloient que de lui : on trouvoit fes ordres & fes arrêts par-tout : on fuivoit fes loix, on lui payoit tribut ; on voyoit fes offi-ciers, fon palais, & prefque fa place ; elle fut donc bien-tôt remplie : les uns y mirent une pierre brute, les autres une pierre fculp-tée, ceux-ci l'image du Soleil, ceux-là celle de la Lune ; plufieurs nations y expoferent un

uf, une chèvre, un chien, un chat, & les
nes représentatifs du divin Monarque furent
rgés de tous les attributs symboliques d'un
eu & d'un Roi : ils furent décorés de tous
titres sublimes qui convenoient à celui dont
étoient les emblèmes ; ce fut devant eux
'on adressa à l'être suprême des louanges &
s prières, qu'on exerça tous les actes de la
lice & de la religion, & qu'on remplit en-
tout le cérémonial théocratique. On croit
jà, sans doute, que c'est l'idolâtrie ; non,
n'en est que la porte fatale.

Je n'adopte point le sentiment affreux que
hommes sont devenus idolâtres de plein
é, de dessein prémédité, & qu'ils ont été
pables d'en avoir formé un système raisonné,
ur l'exécuter ensuite. Ce sentiment est aussi
ntraire à la philosophie qu'il seroit déshono-
nt pour l'humanité. Encore moins doit-on
rrêter aux opinions d'un Cumberland (a) &
quelques autres, qui ont prétendu que
dolâtrie s'étoit établie sur la terre en haine
l'être suprême & des justes. Jamais les
mmes n'ont haï la divinité ; jamais dans
urs égaremens mêmes ils n'ont entiérement
éconnu son existence & son unité : ce n'est
oint non plus par un saut rapide qu'ils ont

_____

(a) Auteur Anglois, commentateur des fragmens
e Sanchoniaten.

paſſé de l'adoration du Créateur à l'adoration
de la créature ; ils ſont devenus idolâtres ſans
le ſçavoir, & ſans vouloir l'être, comme ils
ſont enſuite devenus eſclaves ſans avoir jamais
eu envie de ſe mettre dans l'eſclavage.

La religion primitive de l'homme s'eſt corrompue ; ſon amour pour l'unité s'eſt obſ-
curci peu à peu ; le progrès lent & inſenſible
qu'a fait l'ignorance, par l'oubli du paſſé,
par le trop grand appareil du culte extérieur,
par les ſuppoſitions qu'il a fallu faire pour
ſoutenir un gouvernement ſurnaturel, & par
la négligence des inſtructions infiniment néceſſaires ; dans un culte & dans une police
toute figurée, ces inſtructions étoient dégéné-
rées, parce que l'ordre ſacerdotal qui les
devoit donner étoit dégénéré lui-même, qu'il
étoit devenu preſque auſſi ignorant que le
peuple, qu'il étoit plus avare que lui, & plus
intéreſſé encore que le vulgaire à voir multiplier les tributs, les victimes, & les dons avec
les emblêmes multipliés du Dieu monarque ;
c'eſt ainſi que long-temps après, d'autres ſiécles d'ignorance & d'avarice ont vû multiplier
les Saints dans le Chriſtianiſme.

Nous pouvons donc très-légitimement ſoup-
çonner que chaque nation s'étant rendu ſon
Dieu monarque ſenſible, plus par ſimplicité
que par des vues idolâtres, ſe conduiſit encore
quelque temps, vis-à-vis de ſes emblêmes,
avec une circonſpection religieuſe & intelli-

gente : c'étoit moins Dieu qu'on avoit voulu
repréſenter , que le monarque.

C'eſt ainſi que dans nos tribunaux les magiſtrats ont toujours devant les yeux le portrait
de leur ſouverain , qui rappelle à chaque inſtant,
par ſa reſſemblance , & par les ornements de la
royauté , le véritable ſouverain , qu'on n'y voit
pas , mais qu'on fait exiſter ailleurs , demeurer
en tel palais , & dont on pourra s'approcher ,
ſi l'on ſe trouve obligé de recourir à ſa juſtice :
un tel tableau ne peut nous tromper ; il n'eſt
pour nous qu'un objet relatif & commémoratif.
Telles furent , ſans doute , les premieres images de la Divinité ; ſi nos peres s'y tromperent
cependant , & s'ils perdirent avec le temps leurs
premieres intentions de vue , c'eſt qu'il ne leur
fut pas auſſi facile de peindre la Divinité , qu'il
nous l'eſt de peindre un homme mortel. Quels
rapports pouvoient avoir , en effet , avec le
Dieu régnant , toutes les différentes effigies
qu'on en put faire ? Ce ne put être que des rapports imaginaires & de pure convention (a), par

---

(a) Les hommes établirent réellement des rapports
conventionnels. Comme Dieu pourvoit a notre ſubſiſ-
tance , les uns choiſirent pour le repréſenter , le bœuf
qui laboure , ou la vache qui nourrit. Comme Li u
veille & qu'il voit ſans ceſſe , quelqu..uns choi..t.nt
un chat , parce que ſes yeux brillent , même pendant a
nuit ; pluſieurs au res prire.t un chien , parce qu'il eſt
la garde & le ſurveillant fidele de la ſûreté de la famille;

conféquent toujours propres à dégrader le Dieu ou le monarque, si-tôt qu'on n'y joignoit plus une inſtruction & une explication. Par-là le culte & la police, de ſimples qu'ils devoient être, devinrent compoſés & allégoriques ; par-là le prêtre vit accroître la néceſſité de ſon état, & les beſoins que l'on eut de ſon miniſtere. Il ſe forma dès-lors une ſcience nouvelle & bizarre, qui fut particuliere au ſacerdoce, & dont il augmenta les difficultés pour ſe mettre en plus grande conſidération. Plus il devoit être ouvert & ſincere devant le peuple, plus il devint caché & myſtérieux ; la religion devint un ſecret, & les prêtres s'imaginant la faire reſpecter par une obſcurité myſtérieuſe, l'étei-

---

ceux qui, un peu plus éclairés, ſavoient encore qu'on ne pouvoit repréſenter la Divinité par aucune figure, & qui vouloient néanmoins avoir des objets ſimples pour s'élever vers elle en certains temps, choiſirent certains arbres, certains arbriſſeaux, certaines plantes utiles, ou même une pierre brute ; enfin le plus grand nombre fit choix du ſoleil ou de la lune : ceux qui choiſirent des pierres ou autres corps inanimés pour ſe rappeller la Divinité, les oignoient d'huile. Cette cérémonie, dont on a fait par la ſuite une conſécration idolâtre, n'étoit primitivement qu'un moyen de diſtinguer ces objets de tous les autres, & de les reconnoître facilement, parce que les taches d'huile ne s'effacent jamais : on s'imagina avec le temps que cette onction donnoit une vertu, & on ne la pratiqua plus que dans cette intention ridicule.

gnirent tout-à-fait ; au lieu de dévoiler la
Divinité que les hommes cherchoient sincé-
rement, ils les rendirent idolâtres, & ils con-
ferverent pour eux feuls le fens & l'interprétation de tous les emblêmes, de toutes les
allégories, & de tous les ufages fymboliques
qu'ils multiplierent à l'infini. C'est de-là que
fortirent des langues théologiques & barbares,
des écritures facrées, & ces appareils hiéro-
glyphiques, qui furent toujours inacceffibles
& incompréhenfibles au vulgaire. Enfin, c'est
depuis ces temps-là que les prêtres regarderent
comme leur domaine & comme leur propriété,
le dépôt de la religion des hommes, & qu'ils
prétendirent tenir de droit divin un miniftere
public, qui ne leur avoit été confié que par
leurs concitoyens.

Le genre humain, amené à pas lents & infen-
fibles au point de ne plus connoître fon Dieu
& fon monarque, ne fit plus que des chûtes
précipitées. Si toutes les différentes nations
euffent au moins pris pour figne de la Divinité
régnante, le même objet & le même fymbole,
l'unité du culte, quoique dégénéré, eût pu fe
conferver encore fur la terre : mais, comme
nous avons dit, les uns prirent un figne ou un
emblême, & les autres en prirent un autre.
L'Etre fuprême, fous la figure du foleil, de la
lune, d'une pierre, d'une ftatue, d'un bœuf,
&c. fe vit adoré par-tout ; mais il ne fut plus
le même dans l'extérieur qui le rendoit fenfible.

E vj

Chaque nation s'habitua à confidérer l'emblême qu'elle avoit choifi, comme le fymbole le plus véritable & le plus faint de la Divinité. Chacune d'elles y vit enfuite le vrai Dieu, & le feul monarque; & les emblêmes étant différens en tous lieux, comment fe feroient-elles imaginé qu'elles n'avoient toutes que le même Dieu, & qu'il étoit par-tout le même (a)?

L'unité des nations fut donc rompue. La religion générale étant éteinte, un fanatifme général prit fa place, & dans chaque contrée il eut fon étendard particulier; chacun regardant fon Dieu & fon roi comme le feul véritable, crut poffédér la vraie religion de fes

(a) Les philofophes du paganifme ont tous connu cette grande vérité, & c'eft par-là qu'ils expliquerent aux chrétiens de la primitive eglife; les bifarreries & les variétés de leur culte. Les chrétiens regarderent alors leurs raifonnemens comme une imagination nouvelle, inventée par les payens pour pallier le culte des démons; on peut aujourd'hui les juger par cet ouvrage & par les paroles de Plutarque (p. 377 & 378). "Comme „ le foleil, la lune, le ciel, la terre, la mer, font „ communs à tous les hommes, dit-il, mais ont des „ noms différens, félon la différence des nations & „ des langues; ainfi, quoiqu'il n'y ait qu'une *Divinité* „ *unique*, & une providence qui gouverne l'univers, „ & qui a fous elle différents miniftres fubalternes, on „ donne à cette Divinité, *qui eft la même*, différents „ noms, & on lui rend différents honneurs, félon les „ loix & les coutumes de chaque pays.

peres ; chaque nation crut être la feule religieufe, la feule chérie de l'Etre fuprême ; &
du fouvenir de l'ancienne vérité, il ne refta
qu'une fatale impreffion, qui porta chaque
peuple à afpirer à la monarchie univerfelle,
parce qu'elle étoit réellement due à l'Etre
fuprême, que chaque peuple regardoit comme
fon monarque, fous des formes & des noms
différents. Dans le langage des prêtres, le Dieu
dont ils étoient les miniftres fut l'ennemi jaloux
de tous les Dieux voifins ; bientôt toutes les
nations furent réputées étrangeres ; on fe fépara
d'elles, on ferma fes frontieres, & les hommes devinrent enfin, par naiffance, par état,
& par religion, ennemis déclarés les uns des
autres. Telle eft la fource de toutes les calamités fanglantes qui ont, depuis cette époque,
dévafté l'univers fous le voile facré de la religion.

C'eft une chofe bien digne de notre attention, que la fimplicité de cette origine de
l'idolâtrie, que la moindre inftruction des
prêtres eût pu détourner & prévenir, s'ils
euffent été bien intentionnés pour le genre
humain. Il eft vrai qu'ils étoient ignorants &
idolâtres eux-mêmes ; mais pourquoi ceux qui
prétendent ne l'avoir jamais été, pourquoi ces
fublimes prophetes des Hébreux, qui favoient
fi bien les chofes futures, n'en avertirent-ils
pas les peuples voifins, & les Ifraélites eux-
mêmes, qui furent perpétuellement idolâtres ?
Au lieu de s'élancer perpétuellement dans

l'avenir, que ne portoient-ils un flambeau plus utile fur le paffé, fans s'épuifer en injures ridicules contre les vaines divinités des nations, qu'ils traitoient par-là eux-mêmes comme des êtres réels? Que ne les anéantiffoient-ils par un mot d'inftruction? Le Dieu de ces prétendus infpirés, qu'ils font toujours paroître dans une colere implacable, criant fans ceffe à la vengeance, & menaçant perpétuellement de punir les nations, & de brifer leurs idoles, pouvoit-il être le vrai Dieu, s'il lui étoit plus facile d'exterminer que d'inftruire?

L'on voit encore dans cette origine de l'idolâtrie, combien le germe funefte des guerres de religion & de l'intolérance eft ancien; c'eft un reproche mal fondé que l'on a fait au Chriftianifme, d'en avoir le premier montré la fureur; il ne feroit pas difficile de prouver que prefque toutes les guerres, foit du Judaïfme, foit du Paganifme, ont eu des motifs religieux. Juvenal nous en a fait connoître l'origine telle que je viens de la donner, lorfque, parlant dans fa quinzieme Satyre des fuperftitions & des guerres civiles de deux peuples d'Egypte, il nous dit que ces peuples haïffoient mortellement les Dieux de leurs voifins, chacun étant perfuadé qu'il n'y en avoit point d'autre que le fien.

In tè furor vulgò quod numina vicinorum
Odit uterque locus, cum folos credat habentes
Effe Deos, quos ipfe colit.

Ce seroit actuellement un travail des plus curieux & des plus instructifs, de fouiller dans l'antiquité, & dans la religion de tous les peuples, pour y examiner les tournures singulieres & recherchées qu'il fallut prendre alors pour accorder avec les nouveaux préjugés qui se formerent de toutes parts, les anciens dogmes du grand Juge, du Jugement dernier & de la vie future ; dogmes puissants, qui, même en se corrompant, ne s'éteignirent jamais totalement.

Pour accorder l'invisibilité de l'Etre suprême, que la saine raison admettoit toujours, avec son emblême visible, on rélegua dans le sanctuaire ces idoles muettes & stupides ; on rendit les abords de ce sanctuaire terribles & difficiles au vulgaire ; on cacha jusqu'au nom du Dieu monarque ; bientôt le préjugé s'imagina qu'on ne pouvoit le prononcer sans mourir.

Pour accorder un cérémonial avec l'ancienne attente du grand Juge à la fin des temps, qui étoit dégénérée en une attente réglée par tous les périodes astronomiques & astrologiques, on imagina des descentes invisibles du grand Juge dans le sanctuaire à la fin des années, & autres révolutions périodiques & sabbatiques : on fit sortir du temple ses emblêmes, pour les promener une fois par an, ou une fois par siecle, afin de les montrer au peuple, tantôt derriere des voiles, tantôt dans une obscurité artificielle, & tantôt environnés d'attributs effrayants, &

ces jours solemnels devinrent pour les uns des
jours de trouble & d'effroi, pour d'autres,
de consolations & de réjouissances, & pour
tous, des jours d'une extravagante superstition (a) ; pour accorder l'immatérialité de

---

(a) Au renouvellement de chaque année civile,
les juifs se sont toujours imaginés & s'imaginent encore,
que le grand Juge exerce alors du haut du ciel un jugement sur tous les hommes : c'est par-là qu'ils expliquent
toutes les austérités qu'ils pratiquoient alors. *Cer. Relig.
tom. 3.*

Il y a une infinité de peuples qui ont la même chimère, & qui en conséquence ont des pénitences & des
indulgences périodiques, que leurs prêtres leur administrent de la part de la divinité. Les Japonois ont dans
l'année un mois qu'ils appellent *le mois de l'arrivée invisible des Dieux.* Les chrétiens ont un mois de l'année
qu'ils appellent *Advent,* ce qui est la même chose ; c'est
un temps de pénitence comme au Japon, dont l'ancien
principe n'a été que de se préparer au jugement de la fin
de l'année, à l'arrivée du grand Juge & au renouvellement futur. Si les chrétiens ont encore un carême dans
le printemps, c'est que les romains, dont ils ont pris en
partie les coutumes, commençant leur année civile en
Mars, pratiquoient leurs purifications & leurs expiations dans tout le mois de février.

A Trichinapaly, le dieu *Brama* descend une fois
chaque année dans la Pagode ; quelques théologiens
du pays prétendent qu'il meurt & qu'il ressuscite chaque
année. *Cer. Relig. tom. 6.*

A Jaghinat, ville du même pays, le Dieu sort une
fois l'an de son temple : le peuple y accourt de l'extrémité de l'Inde ; l'idole montée sur un enorme char est

l'Etre fuprême avec la groffiéreté du fymbole
dans lequel on prétendoit qu'il réfidoit, ou
qu'il venoit réfider en certains temps, on in-
venta des métamorphofes, des métempfycofes,
des incarnations & des alliances myftiques,
auffi abfurdes qu'impies, d'un Dieu avec des
matieres groffieres, avec des animaux, avec
des hommes & des femmes ; & pour s'élever à

promenée par la ville, & elle écrafe fous fes roues tou,
ceux qui ont la dévotion de s'y faire rouer : c'eft un
grand bonheur de mourir ainfi ce jour-là, parce que
c'eft un jour de remiffion, pendant lequel les portes de
la vie future font ouvertes. *Cer. Rel.* tom. 6

Les Camis, divinités Japonoifes de fécond ordre, ne
fortent de leurs temples & de leurs chaffes, qu'une
fois par fiecle : ce font les jubilés du pays. *Cer. Rel.*
tom. 6.

Au temple de la déeffe de Syrie, où, comme nous
l'apprend Lucien, on faifoit encore de fon temps des
commémorations du déluge, la déeffe fortoit une fois
l'an de fon fanctuaire, accompagnée de tous les dieux
pour aller vifiter dans un Lac fon poiffon favori. Jupiter
parloit le premier ; mais la déeffe qui appréhendoit que
fon poiffon ne mourût ce jour-là, s'il voyoit Jupiter,
engageoit ce roi des dieux, par careffes & par prieres,
à retourner fur fes pas. Toutes ces cérémonies commençoient par les allarmes & la terreur ; on pratiquoit
des pénitences outrées ; les dévots fe déchiroient de la
façon la plus cruelle ; mais le retour de Jupiter rame-
nant la joie & le plaifir, elle finiffoit par des feftins &
des réjouiffances. Ce n'étoit, comme on voit, qu'une
ridicule allégorie de l'apparition du grand Juge à la fin
des temps.

tout ce qu'il y avoit de furnaturel dans cette religion figurée , on fut obligé de defcendre à tout ce qui étoit de plus déraifonnable.

Comme l'ignorance ne tarda pas à confondre tous les ufages religieux avec tous les ufages commémoratifs qui faifoient une partie de la religion , & comme les repréfentations de l'ancien état du genre humain , toutes fymboliques aulli , étoient réglées par les mêmes périodes qui régloient le cérémonial théocratique, & tout ce qui avoit rapport aux dogmes facrés, il s'enfuivit encore de nouveaux égarements & de nouvelles fables. Tous les différents fymboles de ces commémorations de l'hiftoire de la nature, fe changerent infenfiblement en perfonnages illuftres, auxquels on prêta de grandes aventures mélées de biens & de maux , de grandeur & de mifere ; parce que les anecdotes de la ruine & du rétabliffement du monde prenant une nouvelle face, devinrent néceffairement leurs légendes. L'intérêt que prit le genre humain au fort de ces emblèmes perfonnifiés, fit qu'on les confondit bientôt avec les emblèmes du grand Juge, qui fe perdit dans la foule ; & même les uns & les autres paroiffoient & difparoiffoient dans les mêmes temps : on crut qu'ils étoient les mêmes, qu'ils avoient rapport au même objet, & on les divinifa.

Par ces nouvelles méprifes, la vie du Dieu monarque & du grand Juge, fe trouva ornée de tous les détails hiftoriques des fêtes commémoratives. Ce fut le Soleil éteint & ranimé que l'on adora ; ce fut le monde détruit & rétabli qui devint l'objet du culte public, sous le nom des *Osiris*, des *Atys*, des *Adonis*, des *Bacchus*, &c. L'on s'imagina que ces Dieux étant autrefois descendus sur la terre pour y faire du bien aux mortels, pour les civiliser, & leur donner des loix, avoient éprouvé dans leur vie humaine de grandes traverses, qu'ils avoient succombé sous des ennemis puissans, mais qu'après leur mort, qui avoit été cruelle, ils étoient tous glorieusement ressuscités : par-là la folle antiquité se plongeant de plus en plus dans l'erreur, prépara pour les siècles à venir une nouvelle idolâtrie ; car les usages d'où sortirent ces absurdités, ayant eu primitivement pour objet des institutions sur l'avenir, aussi-bien que les commémorations du passé, on crut voir dans ces fausses histoires, & dans ce culte défiguré, les événemens futurs, les traverses, & les grandeurs de ces chimériques personnages, qui prirent dans l'esprit des peuples la place de cet ancien grand Juge que l'on avoit attendu autrefois.

On attendit donc de nouveaux *Osiris*, & de nouveaux *Adonis*, qui devoient avoir le même sort que les anciens, & éprouver tous les maux & tous les biens qu'avoient déjà éprouvés les premiers. Chaque nation eut ainsi son attente particulière, & se tint prette au premier signe du Ciel, à se porter vers un nouveau fanatisme, & vers de plus grandes extravagances.

Les Romains, tout républicains qu'ils étoient, attendoient du temps de Ciceron un Roi prédit pas les Sibylles, comme on le voit dans le livre de la divination de cet Orateur philosophe ; les misères de leur République en devoient être les annonces ; & la monarchie universelle la suite. C'est une anecdote de l'histoire Romaine, à laquelle on n'a pas fait toute l'attention qu'elle mérite, & l'on ignore encore à quel point elle contribua aux grands événements qui se passerent alors dans cette fameuse République.

Les Hébreux attendoient tantôt un conquérant, & tantôt un être indéfinissable, heureux & malheureux. Ils l'attendent encore avec un *Elie* & un *Enoch*, qui ne sont, ainsi que lui, que des grands Juges personnifiés.

L'Oracle de Delphes, comme on le voit dans Plutarque, (a) étoit dépositaire d'une ancienne & secrette prophétie sur la future naissance d'un fils d'Apollon, qui ameneroit le règne de la justice ; & tout le paganisme Grec & Egyptien avoit une multitude d'Oracles qu'il ne comprenoit pas, mais qui nous décelent de même cette chimère universelle. C'étoit

_____

(a) Vie de Lysandre.

elle qui donnoit lieu à la folle vanité de tant
de Rois & de Princes qui prétendoient se faire
passer pour fils de Jupiter. Les autres nations
de la terre n'ont pas moins donné dans ces
étranges visions : les Persans attendent *Ali* à
la fin des temps ; les Chinois attendent un
Phelo ; les Japonois, un *Peyrum*, & un
Combadoxi ; les Siamois, un *Sommona-Codum* ;
les Indiens du Mogol, un Dieu sous la forme
d'un cheval. Tous les Américains attendoient
du côté de l'Orient, (qu'on pourroit appeller le pole de l'espérance de toutes les nations)
des enfants du soleil ; & les Mexicains en particulier attendoient un de leurs anciens Rois,
qui devoit les revenir voir par le côté de l'aurore, après avoir fait son tour du monde.
Enfin, il n'y a aucun peuple qui n'ait eu son
expectative de cette espéce, à laquelle on ne
comprendroit rien, si mutuellement elles ne
s'expliquoient les unes par les autres, & si
par le concours des différentes anecdotes qui y
sont jointes, elles ne dévoiloient qu'elles ont
eu toutes primitivement pour objet l'attente
d'un grand Juge, du Jugement dernier & de
la vie future à la fin des temps, dont les
symboles ont été corrompus & personnifiés
dans une très-haute antiquité & sous des
noms différents en chaque climat.

C'est encore par une suite de la méprise qui
fit confondre les symboles allégoriques de
l'histoire de la nature, avec les représenta-

tions du Dieu monarque, que les histoires de tous les Die x . de tous les anciens Rois, & de tous les Législateurs se ressemblent par une multitude de traits singuliers ; c'est que malgré la différence des noms, ils ne sont tous que le Dieu monarque, dont les légendes sont ornées des anecdotes de la nature, rendues selon le sens corrompu que l'on donna aux anciens monuments, & aux commémorations devenues inintelligibles. Ces anecdotes ont été le moule commun où toute l'Antiquité a fondu, pour ainsi dire, presque tous ses Dieux, ses Rois, ses Législateurs, ses Héros & ses grands hommes ; aussi Macrobe les ramène-t-il tous au Soleil, tandis que d'autres les ramènent tous à Jupiter. Le sçavant Huet les voit tous dans Moïse, sans en excepter aucun, & plusieurs interprètes les ont tous vû dans Abraham. On a trouvé *Saturne, Mercure, Bacchus, & Apollon*, dans *Noé, Cham, Jacob, & David*. Enfin toutes les divinités Payennes ont été vues dans les Patriarches Hébreux, & tous ces Patriarches se voyent de même dans ces divinités ; cahos singulier, où tous les sçavants se sont perdus, mais qui n'a d'autre source que la variété, des noms suivant les langues & suivant les attributs de l'unique & ancien symbole du Roi Théocratique, qui, s'étant comme décodé de lui-même, a rempli les annales de tous les Peuples.

Quand on confidérera l'idolâtrie fous ce point de vue, à peine fera-t-elle une idolâtrie ; l'unité d'erreurs y décéle à chaque pas l'unité d'une vérité primitive , qui n'a été obfcurcie que par la variété de fes noms & de fes titres.

***

SECTION XI.

Abus politiques du gouvernement théocratique.

LE déplorable état dans lequel fe plongea la religion primitive du genre humain , par les funeftes fuites de l'appareil théocratique, nous peut faire juger de tous les défordres dont la police & l'adminiftration civile durent être aufli défigurées. La théocratie, en rendant l'homme idolâtre , le rendit encore efclave , barbare , & fauvage ; quel grand & fublime que paroifle un gouvernement qui n'a d'autre point de vue que le ciel , & qui prétend en faire fon modele , il ne peut néanmoins avoir qu'un fuccès funefte fur la terre , & un édifice politique conftruit ici-bas d'après une telle fpéculation , a dû néceffairement s'écrouler & produire les plus grands maux.

Entre cette foule de fauſſes opinions dont
nous avons déjà vu en partie que la théocratie
remplit l'eſprit humain, il s'en éleva deux encore infiniment contraires au bonheur de la
ſociété, quoiqu'elles aient été ſinguliérement
oppoſées l'une à l'autre.

Le tableau qu'on ſe fit de la félicité du regne
céleſte, fit naître de fauſſes idées ſur la liberté,
ſur l'égalité, & ſur l'indépendance. D'un autre
côté l'aſpect d'un Dieu monarque, ſi grand &
ſi immenſe, réduiſit l'homme preſque au néant,
& le porta à ſe mépriſer lui-même, & à s'avilir
volontairement. Par ces deux extrêmes, l'eſprit
qui devoit faire le bonheur de la ſociété, ſe
perdit également. Dans une moitié, on voulut
être plus qu'on ne pouvoit, & qu'on ne devoit
être ſur la terre; & dans l'autre on ſe dégrada
au-deſſous de ſon état naturel; enfin on ne vit
plus l'homme, mais on vit paroître le ſauvage
& l'eſclave.

Le deſſein des premiers hommes avoit été
cependant de ſe rendre heureux par cette ſublime perſpective du regne du ciel, & il y a
quelque apparence qu'ils y avoient en partie
réuſſi pendant un temps, puiſqu'ils ont par la
ſuite toujours chanté cette époque comme celle
de l'âge d'or, du regne de la juſtice, & tous
les poëtes ſe ſont épuiſés pour célébrer à l'envi
cette primitive félicité. *Chacun étoit libre dans
Iſraël*, dit auſſi l'écriture, en parlant du commencement de la théocratie Judaïque; *chacun
faiſoit*

faisoit ce qui lui plaisoit, & vivoit alors dans l'in-
dépendance. (a)

Si ces temps merveilleux, où l'on voit néanmoins le germe des abus futurs, ont existé ; ce
n'a pu être que dans les abords de cet âge
mystique, où le genre humain, encore affecté
de ses malheurs, étoit dans toute la ferveur de
la morale & de la religion, & comme dans
l'héroïsme de la théocratie. Mais cette félicité
& cette justice n'ont dû être que passageres,
parce que la ferveur & l'héroïsme, qui seuls
pouvoient soutenir le surnaturel d'un tel gouvernement, sont des vertus momentanées, &
des saillies religieuses qui n'ont jamais de durée
sur la terre.

Si la théocratie céleste doit être un jour là-
haut un état constant de justice, de liberté &
de béatitude, il n'en est pas de même d'une
théocratie terrestre, où le peuple ne peut qu'a-
buser de sa liberté, & où ceux qui comman-
dent ne peuvent qu'abuser du pouvoir du ciel ;
ainsi il est vraisemblable que ce gouvernement
s'est perdu dans ces deux excès. Par l'un, tout
l'ancien Occident a changé sa liberté en brigandage, en une vie errante & tout-à-fait
sauvage ; par l'autre, tout l'ancien Orient s'est
asservi à des tyrans.

Les peintures que les anciens nous ont faites

(a) Juges, 17. 6.

F

du fiécle d'or, de la fimplicité & de l'indépendance dans laquelle on y vivoit, m'ont
toujours paru avoir un tel rapport avec l'état
des Américains, que j'ai peine à m'empêcher de
regarder la décadence du regne théocratique
comme l'époque du genre de vie que menent
depuis tant de fiécles tous les peuples de cette
vaste contrée : non que je croie que le gouvernement théocratique ait été dans fon origine
auffi brut & auffi fauvage ; mais je me le repré-
fente affez peu fixe ; & affez peu déterminé,
pour que les Américains, qui femblent avoir
toujours été plus fimples que les autres peuples
de la terre, aient pu tomber dans les défordres
dont nous venons de parler, en fe rendant
tout-a-fait libres, indépendans, & fauvages.
Je fuis d'ailleurs affez porté à croire que leur
maniere de vivre n'eft qu'accidentelle, & qu'elle
dépend bien plus de leurs préjugés que de
cet état de nature que je regarde comme une
chimere.

La multitude des traditions & des ouvrages
théocratiques que j'ai trouvés chez les plus
barbares de cette religion, eft, felon moi, un
fort indice de leur origine, de leur vie finguliere, & en même-temps une preuve prefque
authentique qu'aucun de ces peuples n'eft dans
fon état primitif & naturel, mais qu'ainfi qu'il
eft arrivé dans toutes les autres parties du
monde, ils ont autrefois vécu fous ce gouvernement myftique, d'où l'efclavage ou le bri-

gandage ont dû fortir , felon que le génie des nations aura concouru avec la nature de leurs climats , pour rendre ces effets de l'ancienne théocratie plus fenfibles.

Jetons pour la feconde fois un coup d'œil fur la naiffance du chriftianifme qui l'a renouvellée en partie. Que feroient devenus tous les zélés de la primitive Eglife , fi on ne leur eût pas bâti des retraites au milieu des fociétés , dans ces temps de phrénéfie où l'attente du règne du ciel leur faifoit tout abandonner fur la terre , & lorfqu'ils ne vouloient plus être des hommes , mais des anges ? Que font devenus tant de milliers d'hermites qui vécurent alors en vrais fauvages dans les déferts de la Thébaïde ? Qui fait fi dans les déferts de l'Afrique il n'y a pas encore aujourd'hui quelques-uns de leurs defcendants, qui y mangent de la chair humaine ?

On célébre beaucoup une ville d'Oxirin-gue (a) qui n'étoit compofée que de moines, foit au dedans, foit au dehors: on y comp-toit dix mille , ainfi que vingt-mille Vierges, fans ceux qui étoient difperfés dans les mon-tagnes voifines, où il y en avoit plus de qua-rante mille. Si dans cette quantité nous n'en fuppofons qu'un par centaine qui fût dégoûté de fon état , n'en réfulteroit-il pas une quan-

_____

(a) *Hift. ecclf. tom. 5 , pag. 25.*

F ij

tité d'hommes & de femmes suffisante pour
avoir depuis dix-huit siécles peuplé toute l'A-
frique de Barbares ?

Quand on veut être sur la terre plus qu'un
homme, l'humanité est bientôt perdue. Les
communautés religieufes qui parurent enfuite
dans toutes les parties de l'empire Romain,
formeroient le tableau contraire à celui-là ; fi
nous voulions les étudier & les fuivre, nous
y verrions l'homme animé des mêmes faux
principes, faire le facrifice imbécille de fa
liberté & de fa volonté, & donner lieu par-
là à la fervitude des cloîtres & au defpotifme
monacal ; mais il me fuffit d'avoir fait appercevoir ces doubles abus & leurs principes. C'eft
fur une plus grande fcène qu'il faut continuer
de nous inftruire de tous les maux qu'ont produit la théocratie & les gouvernements, qui
comme elle, ont affecté d'imiter le regne du
ciel.

L'hiftoire de l'Orient & le caractere des
Orientaux, femblent devoir nous faire penfer
que dans ces climats les théocraties fe font moins
corrompues par le brigandage des peuples,
que par les tyrannies de leurs miniftres. Les
fymboles, les coffres, les arches & les idoles
par lefquelles on y repréfentoit le grand juge,
n'étoient rien ; mais les officiers qu'il fallut leur
donner étoient des hommes, & non des créatures céleftes incapables d'abufer d'une adminiftration qui leur donnoit tout pouvoir. Quoi-

que Dieu fût l'unique roi de la société , comme
il n'y a aucun pacte ni aucune convention à
faire avec un Dieu , la théocratie dès son institution & par sa nature fut un gouvernement
despotique , dont le grand juge étoit le sultan
invisible , & dont les prêtres étoient les vizirs
& les ministres , c'est-à-dire , les despotes
réels.

De tous les vices politiques de la théocratie ,
voilà le plus grand & le plus fatal, & celui qui
prépara la voie au despotisme oriental , & à
l'horrible servitude qui en fut la suite. C'est ici
que le lecteur doit sentir que je n'aurois pu
l'amener à cette fatale époque , si avant de lui
parler de ce gouvernement , je n'eusse pas
commencé par lui faire connoître les erreurs
morales & religieuses , sorties des théocraties ,
& si je ne lui avois exposé ce qui leur avoit
donné lieu en lui développant cette grande
chaîne de tous les égaremens des hommes.

Quoique la théocratie fût par elle-même &
dès sa naissance un véritable despotisme , il est
vraisemblable , cependant , que les premiers
âges ne se sont point sentis des abus qui devoient en naître un jour. Nous pouvons le
croire , parce que les nouveaux établissemens
sont ordinairement soutenus par la ferveur ,
& parce qu'il en étoit resté un souvenir qui
fut toujours cher à toutes les nations ; les ministres visibles auront , sans doute , été dignes
de leur maître invisible , au moins pendant un

certain temps ; mais puisqu'au milieu de la
servitude qui regne aujourd'hui & depuis tant
de siécles dans l'Orient, les hommes y sont
encore universellement dociles & soumis, ce
doit être une preuve que les ministres y ont
abusé de leur puissance avant que les peuples
aient abusé de leur liberté.

Par le bien que les prêtres auront pu faire
d'abord, les hommes se seront accoutumés à
reconnoître en eux un pouvoir divin & suprême ; par la sagesse de leurs premiers ordres
& l'utilité de leurs premiers conseils, on se
fera habitué à leur obéir, & chacun se sera
soumis sans peine à leurs oracles & à leurs
révélations. Peu à peu une confiance extrême
aura sans doute produit une extrême crédulité ;
l'homme prévenu que c'étoit Dieu qui parloit,
que c'étoit un souverain immuable qui vouloit
& qui commandoit, aura cru ne devoir point
résister à tous ces prétendus organes de la
Divinité, lors même qu'ils ne faisoient plus
que du mal. Arrivé par cette gradation à ce
point de déraison de méconnoître son état, sa
nature, & sa dignité, l'homme dans sa misere
n'osa plus lever les yeux vers le ciel, encore
moins sur ses tyrans ; un fanatisme aveugle le
rendit esclave, & il crut enfin devoir honorer
son Dieu & son monarque en se dégradant &
en s'anéantissant.

Telle a été vraisemblablement la marche de
cet esclavage volontaire qui a avili le genre
humain.

Ces malheureux préjugés forment encore la base de tous les sentiments & de toutes les dispositions où sont les peuples Orientaux envers leurs Souverains. Ils s'imaginent que le diadême a de droit divin le pouvoir de faire le bien & le mal, & que ceux qui le portent ne doivent trouver rien d'impossible dans l'exécution de leurs volontés. S'ils souffrent, s'ils sont malheureux par les caprices féroces d'un Barbare, ils se soumettent alors aux vues d'une providence impénétrable ; & par cent interprétations dévotes & mystiques, ils cherchent la solution des procédés illégitimes & cruels dont ils sont tous les jours les victimes. (*a*)

Le sacerdoce théocratique, devenu despotique à l'abri des sacrés préjugés des nations, couvrit la terre de tyrans. Les prêtres seuls furent les souverains du monde, & rien ne leur résistant, ils disposèrent des biens, de l'honneur & de la vie des hommes. Les temps qui nous ont dérobé l'histoire des théocraties, ont, à la vérité jeté un voile épais sur les forfaits de leurs ministres ; la théocratie Judaïque

_____

(*a*) Les Turcs sont dans l'idée, que leur Sultan peut, sans pécher, faire mourir tous les jours jusqu'à quatorze personnes ; ils croient que lorsque leur tyran ordonne la mort d'un de ses sujets, il ne fait que suivre des inspirations particulières de la providence, auxquelles on ne peut résister sans crime. *Voyez l'histoire de l'Empire Ottom. la prince Cantemir.*

F iv

peut cependant nous en faire connoître quelques traits. Elle nous expose quelle fut l'abominable conduite des prêtres Hébreux sur la fin de ce gouvernement. Ils ne rendoient plus alors aucune justice aux peuples, leur vie n'étoit qu'un brigandage; ils enlevoient de force & dévoroient en entier toutes les victimes qu'on venoit offrir au Dieu monarque, qui n'étoit plus qu'un prête-nom; leur incontinence égalant leur gourmandise, ils dormoient, dit la bible, avec les femmes qui venoient veiller à l'entrée du tabernacle. Cette derniere anecdote, sur laquelle l'écriture glisse si légérement, & sans nous en faire connoître les suites, est néanmoins dans l'histoire du sacerdoce, celle qui en eut le plus chez toutes les nations, & chez les Hébreux eux-mêmes, quoiqu'ils nous les aient cachées ou palliées par d'autres fables.

Les prêtres en vinrent à ce comble d'impiété & d'insolence, de couvrir jusqu'à leurs débauches du manteau de la Divinité. C'est d'eux que sortirent une nouvelle race de créatures, qui ne connurent d'autre pere que Dieu, que le ciel, que le soleil, & que les dieux, & d'autres meres que les misérables victimes, ou que les coupables associées de l'incontinence sacerdotale. Toutes les nations virent alors paroître les *demi-dieux* & les héros, dont la naissance illustre & les exploits glorieux porterent les hommes à changer leur ancien gouvernement,

& à paſſer du regne de ces dieux qu'ils n'a-
voint jamais pû voir, ſous celui de leurs prétendus enfants, qu'ils voyoient au milieu d'eux.
Evénement ſingulier, où l'incontinence du
ſacerdoce lui donnant des maîtres, fit naître
la révolution qui mit fin au regne céleſte, &
fit commencer cet âge des *demi-dieux*, que
toute l'hiſtoire ſérieuſe a cru juſqu'à préſent
devoir retrancher des annales du monde.

SECTION. XII.

Les théocraties produiſent le deſpotiſme.

FATIGUÉS du joug inſupportable qu'impo-
ſoient les miniſtres du roi théocratique ; &
tourmentés par les brigands que les déſordres
de la police avoient produit dans toutes les
contrées, les hommes chercherent enfin à ſe
mettre à l'abri de tant d'ennemis en réformant
leur gouvernement ; ils penſerent qu'ils n'y
auroit pas de meilleur moyen que de revenir
à l'unité, en remettant entre les mains d'un
ſeul toute l'autorité qu'avoient exercée juſqu'alors les familles ſacerdotales.

Ce paſſage de la théocratie au gouvernement
qui la ſuivit, a pu ſe faire chez les divers peuples du monde en divers temps, & les événemens qui l'ont amené, ont pu être différem-

F v

rent modifiés & circonstanciés. On pourroit
peut-être soupçonner que les anciennes théocraties ont dès-lors pu donner lieu à la forma-
tion des républiques ; mais après la triste expérience des maux qui étoient résultés de l'administration de plusieurs , il est vraisemblable
qu'il n'y eut alors aucune société qui prît le
parti républicain ; ainsi je ne présume point
que l'on puisse jamais trouver dans cette révolution l'époque de ce genre de gouvernement.

Quoique les nations fussent dégoutées du ministere des prêtres de la théocratie, elles ne
perdirent point , néanmoins , de vue cette
ancienne chimere. Toujours religieusement
affectées pour elle, elles ne la quitterent pas
même en se donnant un roi, & elles s'imagi-
ginerent qu'elles ne faisoient en cela que re-
former la multitude des organes du Dieu monarque , qu'elles continuerent de regarder
comme leur seul & véritable roi. Toutes les
nations ne se donnerent un maître mortel,
que dans l'idée d'en faire l'organe , l'image &
la représentation du monarque invisible , en
qui elles firent encore résider le pouvoir suprême , comme elles avoient toujours fait jusqu'a-
lors. Ceci se confirme sans peine par le titre
fastueux d'*image de la Divinité* , qu'ont soi-
gneusement conservé les rois de la terre; nous
verrons dans peu ce qu'étoit ce titre dans son
origine.

Avec de telles préventions sur le gouverne-

rrent d'un feul, on peut juger combien les
rations étoient encore éloignées du parti républicain ; aussi la haute antiquité nous apprend-
elle qu'on n'y connoissoit que le gouvernement royal, & qu'on n'y avoit aucune idée
d'un état populaire. Tout l'Orient est encore
aujourd'hui dans le même cas : on ne peut y
comprendre ce que c'est que nos républiques
d'Europe, & on les regarde comme des fociétés monstrueuses. Préjugé qui n'a d'autres
principes que les anciennes idées théocratiques, qui ne se sont jamais effacées dans cette
partie du monde.

Nous pouvons estimer que dans certaines
contrées, le grand prêtre de la théocratie aura
pu lui-même en devenir le despote, en abaif-
fant les ordres inférieurs qui dépendoient de
lui. Ce soupçon pourroit être confirmé par ces
divers états de l'Asie ancienne & moderne, où
le souverain civil est encore le souverain ecclé-
fiastique. Néanmoins l'union de ces deux puiffances a pu venir de toute autre cause ; comme
par exemple, du sentiment de cette vérité,
qu'un roi étant le premier de l'état, doit nécessairement être le premier prêtre, comme
il est le premier général, le premier magistrat,
en un mot le premier dans les différents ordres
qui composent la société. Ainsi il a pu se faire
que les nouveaux rois ayent été déclarés aussi
les chefs de la religion, quoiqu'ils ne fassent
point de famille sacerdotale.

F vj

Les hommes, toujours portés vers l'unité
& la simplicité, ont senti dans tous les temps
combien plusieurs puissances étoient dangereu-
ses dans un même Gouvernement.

Ceci ne doit pas nous empêcher de reconnoître encore qu'il y eut différens états où
la révolution qui produisit l'autorité civile
d'un seul, laissa au sacerdoce toute la police
des choses sacrées, & le soin de tout ce qui
concernoit la religion. L'ancienne histoire du
Japon & de plusieurs autres peuples nous en
ont conservé des exemples ; mais cette conduite fut pour ces états une sources de dissen-
sions & de disputes entre les deux puissances,
qui toutes deux eurent leurs titres pour prouver qu'elles régnoient de droit divin.

Ceux sur qui la plupart des peuples jetterent
les yeux alors pour se donner des maîtres visibles, furent vraisemblablement, comme
nous l'avons insinué ci-dessus, ces demi-Dieux
& ces héros, enfants des anciens Rois Théocratiques, c'est-à-dire, des Prêtres.

Le concours des traditions de la plus haute
antiquité, qui font toutes succéder leurs époques à celle des Dieux, porte sur les temps
mythologiques une lumiere historique dont
il est 'difficile de ne pas sentir ici toute
la force. Les rayons de la divinité que les
peuples s'imaginerent reconnoître dans ces
hommes merveilleux, durent en effet les porter à avoir pour eux une profonde vénéra-

tion. D'un autre côté, pour soutenir l'honneur de leur naissance, ces demi Dieux cherchèrent sans doute à se rendre utiles; & comme leur naissance même nous dévoile quel étoit l'affreux désordre où la police & la religion étoient tombées de leurs temps, ils ne manquèrent point d'occasions d'acquérir de la gloire & de gagner l'affection des hommes, en faisant la guerre aux Tyrans, en exterminant les brigands, & en purgeant la terre de tous les monstres qui l'infectoient. La mythologie profane confirme singuliérement cette gradation d'événements; c'est de ces demi-Dieux & de ces héros dont elle a fait des destructeurs de voleurs & de Géans, & des preux incomparables, qui, comme les Paladins de nos antiquités Gauloises, couroient le monde pour l'amour du Genre humain, afin de rétablir par-tout le bon ordre & la société. Notre mythologie sacrée, malgré tous ces voiles mystérieux, ne nous a pas fait moins entrevoir ces anciennes vérités. Plusieurs de ces héros & de ces Juges de la Théocratie Judaïque, qui s'élevoient de temps en temps pour tirer leurs citoyens de la servitude où leur mauvais gouvernement les faisoit tomber à chaque instant, ont été les enfants des femmes stériles qui devenoient miraculeusement enceintes, après avoir invoqué le Seigneur devant l'Arche ou devant le Sanctuaire, tels furent, entre autres, un *Samson*, dont la

mere (a) fut fécondé: par les paroles d'un
homme de Dieu, & un *Samuël* qui vint à
la lumiere, après les confolations que le grand
Prêtre *Heli* (b) donna à la femme d'*Elcana*.
On ne peut raconter avec plus de décence que
fait la Bible, des actions auffi indécentes ;
mais il faudroit être aveugle pour n'y pas
appercevoir toute l'iniquité du myftere.

L'époque des Rois que les annales Payennes font fuccéder aux regnes des demi-Dieux,
& dont elles font fouvent une troifiéme époque qu'elles diftinguent de la feconde, comme
elles ont ainfi diftingué cette feconde de la
premiere, c'eft-à-dire, de celle des Dieux,
ne doit pas, je penfe, être regardée comme
tout-à-fait diftincte & diffemblable fous les
regnes des demi-Dieux & des Rois. Ce furent
également des hommes, qui devinrent les repréfentans de la divinité ; au lieu que fous les
regnes des Dieux, les repréfentans n'avoient
été que des pierres, des ftatues, & divers
autres objets bruts ou inanimés, qui rappelloient l'invifible monarque, dont les prêtres
étoient les miniftres.

Pour expliquer la diftinction que ces annales ont cependant mife entre les deux dernieres
époques, on peut dire que de ces demi-Dieux

_____

(a) *Juges Chap.* 13.
(b) *I. Rois Chap.* 1.

fortirent diverfes générations, qui régnerent
fur la terre avec le titre de *race des Dieux*,
qu'elles avoient hérité de leur premiere origine, & que ces races divines s'étant étein-
tes avec le temps, furent remplacées par d'autres Rois de race ordinaire.

Quoi qu'il en foit, il paroît en général que
ces deux époques fe font fouvent confondues,
qu'elles n'ont eu qu'une féparation fort indé-
terminée, & que les temps qui diftinguent
la mythologie d'avec l'hiftoire, font très vagues
& très incertains. C'eft l'incertitude où l'on a
toujours été fur ces limites, qui a, fuivant
les apparences, fait mettre au nombre des
Rois de la Chine, de l'Egypte, de la Gréce,
de l'Italie, de tous les peuples enfin, &
même des Juifs, une multitude de perfonnages
dont l'hiftoire fabuleufe ne paroît appartenir
qu'à la mythologie des Dieux & des demi Dieux.

Le gouvernement du Dieu monarque, & la
révolution qui arriva dans l'adminiftration
théocratique, fe cachent donc chez tous les
peuples dans une nuit profonde, & il ne nous
refte que les Hébreux, enrichis des dépouil-
les de l'Egypte, chez qui nous puiffions trouver quelques traces de cette mutation, des
caufes qui la produifirent, & des fuites qu'elle
eut pour tout le monde.

Samuël étant devenu vieux, (*a*) fes deux en-

(*a*) *IV. Rois chap.* 7.

fants, nommés Joël, le *Dieu fort*, & Abiah,
le *Dieu père*, commirent une infinité d'excès,
& gouvernerent Ifraël d'une maniere fi tyrannique, que les peuples s'étant émus, les
anciens s'affemblèrent & députèrent vers Samuël, pour lui porter leurs plaintes ameres,
& pour lui demander au nom du peuple, un
Roi qui les gouvernât, qui les jugeât, & qui
pût marcher à la tête de leurs armées. Samuël
crut alors devoir leur repréfenter, qu'ils fe
plongeroient par-là dans une fervitude plus
cruelle. » Le Roi que vous demandez, dit-il,
» enlévera vos enfants pour en faire fes offi-
» ciers, & fes eunuques. Il vous chargera de
» pefants fardeaux. Vous ferez obligés de la-
» bourer fes champs, de faire fes moiffons, &
» de travailler à fes armes, à fes meubles, &
» à toutes ces fuperfluités. Ce Roi prendra vos
» champs, vos oliviers, & vos vignes pour
» fatisfaire fa cupidité & celle de fes minif-
» tres ; vos troupeaux feront les fiens ; tout
» vôtre bien lui appartiendra, & vous-mêmes
» à l'avenir ne ferez plus que fes efclaves. »
Tel fut à cette occafion le fameux difcours de
Samuël, fur lequel on a fait depuis de fi fré-
quens commentaires, la flatterie & la baffeffe
y ont trouvé un vafte champ pour faire leur
cour aux Tyrans ; la fuperftition y a vu un
fujet digne de fes rêveries myftiques ; mais
perfonne n'a connu l'efprit théocratique qui
le dicta. Samuël, en le prononçant, ne fit au-

cune attention à la différence extrême qu'il y
avoit entre le nouveau gouvernement que le
peuple demandoit, & celui qu'il désiroit de
quitter. Comme le premier, sous les ordres du
Dieu monarque, avoit été un regne sous lequel on avoit pensé qu'il n'y avoit point de
milieu entre le Dieu régnant & le peuple, que
ce monarque étoit tout, & que le sujet n'étoit
rien, Samuël imbu de ces principes trompeurs
parla au peuple sur le même ton, & appliqua
à l'homme monarque que l'on demandoit,
toutes les idées que l'on avoit eües sur la
puissance, & sur l'autorité suprême du Dieu
monarque. Le peuple lui-même n'y fit aucune attention, & sans s'effrayer de l'odieux
tableau que Samuël venoit de lui faire du
Chef qu'il vouloit avoir, *N'importe*, s'écria-
t-il, *il nous faut un Roi qui marche devant
nous, & que nous puissions voir combattre à la
tête de nos armées.*

· Pour démêler ici les motifs de cette étrange
conduite de Samuël & de son peuple, & prévenir l'idée qu'on seroit prêt d'avoir, qu'il y a
eu des nations qui se sont volontairement &
de propos délibéré soumises à l'esclavage, il
faut se rappeller ce que j'ai dit précédemment,
que les hommes, en rejetant le ministere des
prêtres, n'abandonnerent point pour cela le
plan du gouvernement théocratique, dans
lequel on représentoit le Dieu monarque par
des symboles. Ce ne fut alors que le symbole

que l'on changea ; au lieu de ces différentes figures muettes ou inanimées qu'on alloit confulter, & dont l'ordre facerdotal avoit abufé, en les faifant parler felon fes intérêts, on voulut avoir un fymbole actif & vivant, qui, poffédant par lui-même l'organe de la parole, fit connoître, par une voie plus courte & plus directe, les ordres du Dieu monarque.

La première élection des rois ne fut donc point une véritable élection, ce ne fut qu'une réforme dans la théocratie, & dans l'image de la Divinité. Le premier homme dont on fit cette image n'y entra pour rien ; ce ne fut point lui que l'on confidéra ; l'efprit & l'imagination du peuple refterent toujours fixés fur le monarque invifible & fuprême, & les hommes obfédés de leurs anciens préjugés, ne fongerent point à faire un traité particulier, ou à propofer des conditions refpectives à celui de leurs femblables qui devint, par cette révolution, le maître des autres.

Ils ne prévirent point alors qu'en prenant un mortel pour repréfentant de la Divinité, fans le foumettre à la raifon publique, & aux loix communes de la fociété, c'étoit fe donner un tyran ; & ils ne réfléchirent point, que fi ce mortel étoit l'emblême d'un Dieu, il ne falloit point pour cela confondre l'Etre fuprême avec fa fragile repréfentation.

Tant d'abfurdes méprifes, toujours caufées par la fuperftition & par l'oubli de la raifon, furent , comme on peut déja le prévoir , la source de mille maux.

Dans les théocraties précédentes, les nations s'étoient déja rendues idolâtres , parce qu'elles traitèrent Dieu comme un homme ; nous allons bientôt les voir devenir esclaves dans cette nouvelle théocratie , parce qu'elles traitèrent l'homme comme un Dieu.

Les sociétés s'étant ainsi décidées à représenter au milieu d'elles leur Dieu monarque par un mortel , la plupart ne mirent dans leur choix d'autre précaution que de choisir l'homme le plus beau & le plus grand. Saül surpassoit de la tête tout Ifraël (a) assemblé à Maspha. Les Scythes & les Indiens , difent aussi nos anciens auteurs (b) , prenoient pour roi celui dont la taille étoit la plus haute & la plus avantageuse. Ainsi en ont long-temps agi presque tous les peuples du monde : ils prenoient bien plus garde aux qualités du corps qu'à celles. de l'esprit , parce qu'il ne s'agissoit uniquement , dans ces premières élections, que de voir la Divinité sous une apparence qui répondît à l'idée qu'on se formoit d'elle , & que , pour la conduite du gouvernement , c'étoit moins sur le représentant que sur le monarque invisible que l'on comptoit toujours. Les rois , ces su-

---

(a) 1. R. 9. 10.
(b) *Diod. de Sicile. Strabon. Q. Curce.*

perbes images de la Divinité, n'ont été, dans
leur origine, rien de plus aux yeux & à l'esprit
des peuples, que ce qu'étoient avant eux ces
pierres, ces idoles, ces bœufs & ces coffres,
qui avoient été regardés de même comme le
siege & les symboles du Dieu monarque.

Le peuple Hébreu ne se fut pas plutôt donné
un roi, qu'il négligea son Arche mystérieuse,
que l'on avoit toujours portée, dans la théocratie, à la tête d'Israël, comme le char & le
siege du Dieu monarque, tant de fois appellé
le Dieu des combats. La prise de cette Arche
par les Philistins, en avoit déja sans doute dégoûté les Israélites qui l'avoient crue invisible,
& cet événement a dû fortement contribuer à
leur faire desirer un symbole actif & vivant à la
tête de leurs armées, puisqu'aussi-tôt qu'ils en
eurent un de cette espece, l'autre devint inutile
& ne marcha plus jamais. Il en fut vraisemblablement de même par-tout ailleurs, & tous
les hommes s'imaginerent avec une égale simplicité, que le Dieu monarque révéloit ses
volontés à ses symboles vivants, comme il les
avoit autrefois révélées aux symboles muets &
insensibles de la théocratie précédente. Ils ne
furent cependant pas assez imbécilles pour
croire qu'un mortel ordinaire pût avoir ce
grand privilege ; mais comme on avoit dès
auparavant imaginé des moyens de donner cette
vertu aux anciens symboles, on les pratiqua
envers les nouveaux ; on employa les mêmes

onfécrations , & l'en oignit les rois parce
qu'on oignoit autrefois les prieres. Par cette
cérémonie , tout devint égal entr'eux , tout
parut dans l'ordre ; & le fymbole humain devenant capable d'infpiration , fe trouva de
même changé dans l'efprit des peuples.

Saül ne fut pas plutôt facré , dit la Bible ,
que l'Efprit de Dieu fe faifit de lui & qu'il pro-
phétifa. Toutes les cérémonies du facre des rois
font forties de cette fource abfurde & idolâtre.
Cette communication de l'Efprit d'en-haut
avec le monarque , eft encore aujourd'hui chez
toutes les nations un des points effentiels de
l'inauguration à la royauté ; elle change le fujet
élu en un autre homme, ou plutôt elle fait qu'il
ne fe croit plus un homme. Il n'eft pas jufqu'aux
Sauvages (*a*) de l'Amérique dont les prêtres
foufflent au nez des nouveaux chefs une fumée
myftique avec un camouflet , en leur difant :
Recevez l'efprit de courage.

Par toutes ces extravagances accumulées les
unes fur les autres, il eft actuellement plus que
démontré, que dans le nouveau genre de gouvernement que les hommes adopterent , ils
porterent toujours leurs anciennes chimeres
du regne du ciel , qui avoient donné lieu aux
théocraties précédentes. Séduits par la force de
leur imagination , & corrompus par les préju-

(*a*) Le pere Laffiteau.

gés qu'ils avoient reçus de leurs ancêtres , les
hommes continuerent d'oublier qu'ils étoient
fur la terre , qu'ils avoient une raifon qui devoit être leur guide & leur premier confeil en
tout ; & s'abandonnant fans réferve à une
fuperftition abfurde & criminelle , ils fe fou-
mirent aveuglément à des tyrans , comme ils
s'étoient déja foumis aux prêtres , & ils per-
fifterent dans cette folle idée , que les uns &
les autres ne gouvernoient le monde que par
des infpirations & des révélations du ciel.

La premiere élection des rois ne put gueres
fe faire dans les fociétés théocratiques , fans
exciter & produire beaucoup de tumulte & de
divifions entre les prêtres , qui fe virent alors
comme détrônés , & le peuple qui fe donna de
nouveaux maîtres. Le facerdoce dut y voir la
caufe du Dieu monarque intéreffée ; l'élection
d'un roi étoit vis-à-vis de lui , c'eft-à-dire ,
vis-à-vis des prêtres , une rébellion & une
idolâtrie. Que de raifons pour tourmenter le
genre humain !

L'ordre facerdotal fut donc le premier ennemi
des empires naiffants , & depuis ces temps jufqu'à nos jours , l'on n'a jamais ceffé de voir les
deux dignités fuprêmes toujours oppofées &
toujours anthipatiques , lutter l'une contre
l'autre , fe difputer la primauté , fe donner
alternativement des limites & des bornes
idéales , fur lefquelles ces deux puiffances ont
alternativement empiété , felon qu'elles ont été

plus ou moins fecondées & favorisées par les peuples indécis, l'une par la fuperftition, & l'autre par le progrès des connoiffances.

Ce fera fans doute, un jour, un ouvrage bien intéreffant, que l'hiftoire que l'on pourra faire de la marche de ces deux puiffances rivales, fi l'on y fait remarquer avec foin leurs pertes & leurs fuccès réciproques, toujours proportionnés aux lumieres graduelles des fiecles, fur-tout dans nos climats, où malgré l'amas des nuages qu'y ont autrefois pouffé les fuperftitions Afiatiques, la bonté du fol les repouffe peu à peu, pour y reproduire la raifon & la férénité.

Les anciens fymboles de pierre & de métal, qu'un refpect d'habitude laiffa fubfifter, quoiqu'alors on eût dû les fupprimer, puifque les rois en tenoient lieu, refterent fous la direction des prêtres, qui n'eurent plus d'autre occupation que celle de les faire valoir de leur mieux, & d'attirer de leur côté, par un culte religieux, les peuples qu'un culte politique attiroit puiffamment vers un autre objet.

Dans les commencemens de la royauté, la diverfion dut être forte. L'Arche d'alliance fut pendant dix années dans une grange, & comme abandonnée des peuples d'Ifraël ; mais à la fin, l'ancienne vénération fe ranima ; les défordres des princes diminuerent l'affection du trône ; les hommes retournerent aux autels & aux oracles ; ils rendirent au facerdoce prefque

toute fa premiere autorité ; les prêtres domi-
nerent fur les rois mêmes ; les fymboles de
pierre commanderent aux fymboles vivants ; la
conftitution des états devint double & incer-
taine ; (*a*) la réforme que les prêtres crurent
avoir faite dans leurs anciens gouvernements,
ne fervit enfin qu'à joindre une théocratie
civile, à la théocratie facrée, c'eft-à-dire,

(*a*) Entre mille exemples qu'on en pourroit donner,
le gouvernement des juifs a toujours été un gouvernement bifarre ; fous les rois comme fous les juges, ils
regardoient fouvent Dieu comme leur véritable monarque ; ils avoient une foule de prophetes & d'infpirés,
qui venoient dicter aux rois les arrêts de leur Dieu, &
leur prefcrire arrogamment la conduite qu'ils devoient
tenir tant en paix qu'en guerre. On peut remarquer ce
paffage d'un prophete qui annonce aux juifs qu'ils vont
être affujettis à Sefac, roi d'Egypte : " Alors, leur
„ dit-il, vous apprendrez la différence qu'il y a entre
„ mon joug & celui des rois de la terre : „ *Dijtantium
fervitutis meæ & fervitutis regni terrarum.* Cependant
cette menace étoit faite fous les regnes des rois de Juda
& des princes de la maifon de David. *Paral. c. 12.*

Il doit auffi y avoir eu une politique que nous igno-
rons, dans la conduite des princes Hebreux, qui éleverent prefque tous les idoles. Il y a apparence que leur
vue étoit de partager la religion des peuples, & de diminuer l'autorité des prêtres. De-là le fchifme ou la
féparation des rois d'Ifrael, qui ne voulurent point
avoir d'alliance avec Jérufalem, où le temple étoit le
lieu fort du facerdoce, & où les prêtres étoient toujours
affurés de l'emporter fur la puiffance civile.

à

à rendre les hommes les plus malheureux, en
doublant leurs chaînes, & en multipliant leurs
tyrans avec leurs préjugés.

Nous avons ci-devant exposé quelle avoit
été la mauvaise administration des prêtres; il
nous reste à dire un mot de la conduite que
tinrent après eux les rois qui se virent à la
tête des sociétés.

L'homme devenu si grand, qu'il fut regardé
comme le représentant de la Divinité, & rendu
si puissant, qu'il pouvoit agir, vouloir, &
commander aussi souverainement qu'elle,
succomba presqu'aussi-tôt sous un fardeau
qui n'est point fait pour lui. L'illusion de sa
dignité lui fit méconnoître ce qu'il y avoit
en elle de réellement grand & de réellement
vrai; les rayons de l'Etre suprême dont son
diadême fut orné, l'éblouirent au point qu'il
ne vit plus le genre humain, & qu'il ne se vit
plus lui-même. Abandonné de la raison publique, qui elle-même ne voyoit plus en
lui un mortel ordinaire, mais une idole
vivante inspirée du ciel; le seul sentiment
de sa dignité pouvoit lui dicter l'équité, la
douceur & la modération : ce fut cette dignité
qui le porta vers tous les vices contraires. Un
tel homme eût dû souvent rentrer en lui-même;
mais tout ce qui l'environnoit l'en faisoit sortir sans cesse, ou l'en tenoit toujours éloigné.
Comment, en effet, un mortel auroit-il pu se
sentir & se reconnoître ? Il se vit décoré de

G

tous les titres dus à l'Etre suprême ; ils avoient été portés avant lui par les *Adonis*, les *Osiris*, & par les autres emblêmes de la Divinité ; tout le cérémonial dû au Dieu monarque, fut rempli devant l'homme monarque ; il fut adoré comme celui dont il devint à son tour le représentant ; il fut de même regardé comme infaillible. Tout l'univers lui dut, il ne dut rien à l'univers ; ses ordres, ses volontés, ses caprices, devinrent des arrêts du ciel ; ses cruautés, ses férocités, furent regardées comme des jugements d'en-haut, auxquels il fallut humblement souscrire. Enfin cet emblême vivant de la Divinité, sur-passa en tout l'affreux tableau qu'avoit fait Samuël de la future conduite des rois.

Tel a été le gouvernement de tous les souverains de l'Asie, dans tous les temps que nous connoissons.

Les anciens préjugés qui ont donné naissance au despotisme, y subsistent encore & le perpétuent : les nations y semblent toujours dire, comme les Israélites, & dans le même esprit : *N'importe, nous voulons avoir des rois* ; c'est-à-dire, des symboles vivants, & des dieux que nous puissions entendre, & que nous puissions voir à la tête de nos armées.

Tous les maux que ce gouvernement a pro-duits sur la terre, sont trop connus pour en faire ici un long détail. Chaque lecteur instruit peut se les rappeller, & y reconnoître une longue chaîne d'événements & d'erreurs, d'où sont sortis tous les faux principes par lesquels les hommes ont toujours été conduits & gouvernés.

Pour avoir eu le ciel en vue, l'on s'est précipité dans des abîmes profonds. Pour avoir perpétuellement compté sur une révélation chimérique, on a perdu l'usage de la raison. La religion & le gouvernement sont devenus des monstres qui ont engendré l'idolâtrie & le despotisme, dont la fraternité est si étroite, qu'ils ne sont réellement qu'une seule & même chose.

Voilà les fruits amers des sublimes idées de la théocratie ; telles sont les misères sans nombre, que produiront à jamais les administrations civiles ou religieuses qui affecteront encore le regne du ciel sur la terre. (*a*)

Pour achever de développer ces étranges découvertes, & pour constater ces grandes vérités, qu'on n'avoit jusqu'ici pas même soupçonnées, jettons un coup d'œil sur les empires,

---

(a) Quoique les monarchies présentes de l'Europe soient fort éloignées de l'esprit de cette ancienne chimere, si nous en remarquons cependant quelques vues, qui semblent tendre au despotisme, c'est parce qu'entre les corps politiques que chacune d'elles renferme, il en est un purement théocratique encore, qui a déja été, qui est, & qui sera nécessairement le fléau ou le corrupteur de ces monarchies, si on ne lui fait changer un jour de nature & de principes.

G ij

& confidérons le cérémonial & les principaux
ufages des fouverains defpotiques ; nous y re-
connoîtrons tous les anciens ufages & tous
les principes des anciennes théocraties ; ce fera
mettre le fceau de l'évidence à ces nouvelles annales du genre humain.

SECTION XIII.

Les ufages théocratiques fe confervent chez tous les defpotes civils.

LES fouverains orientaux nous rappellent
l'ancien grand juge , dont les peuples avoient
fait leur monarque , par leur invifibilité , ou
par la coutume qu'ils ont prefque tous , de ne
fe montrer à leurs fujets, que felon des heures ,
des jours , & des périodes réglés.

L'empereur du Mogol (a) fe préfente deux
fois par jour à une fenêtre qui regarde l'Orient ;
cette apparition fe fait le foir & le matin ;
les grands fe rendent à ces heures fur la place
du palais , où ils reftent profternés tant que le
prince eft vifible , & le peuple qui accourt en
foule pour regarder fon monarque , eft tellement accoutumé à cette vifite réguliere , que

(a) *Voyez* Hiftoire générale des voyages, in-12. t. 37.

malgré le despotisme de son souverain , il se
souléveroit , suivant les voyageurs, s'il manquoit à cet usage solemnel.

Il en étoit de même au Japon , (*a*) dans les
temps où les souverains pontifes de cette contrée jouissoient encore en entier de toute la
puissance théocratique, dont l'autorité tem-
porelle fut depuis séparée. Ce grand pontife ,
qu'on nomme *Dairi* , se dit fils du ciel , & se
prétend descendu en ligne directe du sang des
dieux, qui ont autrefois régné au Japon, comme
par-tout ailleurs. Dans les temps où ce *Dairi*
disposoit des deux glaives , on rapporte qu'il
étoit aussi obligé de se montrer tous les matins ,
& de paroître assis sur son trône devant les
peuples assemblés ; chacun alors le considéroit
avec soin , & l'on remarquoit ses gestes &
ses moindres mouvements ; on pronostiquoit
de-là si le jour seroit heureux ou malheureux ;
selon la saison , & selon la circonstance des
temps , ses mouvements étoient aussi regardés
comme les annonces de l'abondance ou de la
stérilité , de la paix ou de la guerre ; on y
royoit même les signes de la peste , des embrasements , & des tremblements de terre ;
& comme si ce pontife eût été un autre Jupiter,
on craignoit qu'en remuant ses sourcils il n'é-
branlât l'univers.

(a) *Cérém. Relig. tom.* 6.

G iij

Les voyageurs n'ont rien vu que du ridicule
dans ces usages ; mais je crois y reconnoître
les anciens peuples soumis à la théocratie, qui
alloient devant l'emblême du Dieu monarque,
présenter leur hommage du soir & du matin ;
j'y vois les Egyptiens, les Grecs, & les Romains, qui saluoient les dieux à chaque aurore ; j'y vois enfin les mages & tous les anciens adorateurs du feu, saluer le soleil levant
& le consulter sur le sort de la journée, & sur
les événements futurs.

Cette inquiétude avec laquelle les anciennes
nations alloient consulter le lever du soleil,
comme le reproche un prophète aux Israélites,
qui la pratiquoient aussi, étoit une suite des
dogmes de la fin du monde, & l'arrivée du
grand juge, qui faisoient craindre aux uns que
le soleil couché la veille, ne se levât point le
matin, & qui faisoient désirer à d'autres que
le merveilleux jour du grand juge parût avec
le soleil levant. Les habitans des isles Celebes,
ne manquent point encore à cette antique
coutume d'adorer lorsque l'aurore paroît, &
lorsque le soleil se couche ; si pendant leurs
prieres cet astre se couvre de nuages & de
brouillards, c'est pour eux un signe qu'il est
irrité ; ils rentrent avec tristesse dans leurs maisons pour y appaiser leurs idoles, & ils se rappellent le souvenir d'un temps, où le soleil
ayant eu, disent-ils, une grande querelle avec
la lune, il s'ensuivit mille désordres dans le

ciel, fur la terre & dans la mer : nouvelle
preuve que le culte du foleil dans les ifles
Celebes, & dans les autres contrées du monde, eft un de ces anciens abus fortis des ufages
établis en mémoire des révolutions de la
nature.

Chez les Hébreux qui s'adonnerent fi fouvent à l'idolâtrie, chaque femaine étoit un
période, dont il falloit marquer la fin & le
commencement, par des cérémonies affez femblables, & affez analogues à celles des autres
nations. Le feu s'éteignoit dans leurs maifons,
& fe rallumoit de fept en fept jours, comme il
s'éteignoit & fe rallumoit à Rome en mars,
c'eft-à-dire, au renouvellement des années
civiles, & chez les Mexicains aux renouvellements de femaines d'années. Tous les autres
adorateurs du foleil pratiquoient de même ces
extinctions périodiques du feu facré, qui n'é-
toit qu'un ufage relatif à l'attente de la fin du
monde, & à l'extinction du foleil à la fin des
périodes ; ces différents ufages témoignent que
chez les adorateurs du feu, cet élément n'a-
voit été primitivement que le fymbole de la
vie du monde.

Chaque feptieme jour chez les Hébreux l'on
ouvroit (a) la porte orientale du temple, &
l'on chantoit ce jour-là, *attollite portas*, &

_____

(a) *Ezéchiel* 46. 1.

G iv

intrcibit rex gloriæ : (a) preuve qu'ils attendoient auſſi le grand juge de ſept jours en ſept
jours du côté de l'Orient, & que ces paroles
que les chrétiens appliquent aujourd'hui ſi
ridiculement au Meſſie, n'avoient rapport,
ainſi que l'ouverture de la porte, qu'à la chimere univerſelle de preſque toutes les nations.
Comme les Hébreux s'imaginoient apparemment que leur Dieu venoit réſider ce jour-là
dans ſon ſanctuaire, plus particuliérement que
de coutume, le prince venoit alors l'adorer
ſur le ſeuil de cette porte orientale, & la
multitude à qui il étoit défendu d'entrer, ſe
tenoit au dehors ; on faiſoit encore au retour
de chaque pleine lune, (a) cette même cérémonie, dans laquelle il eſt inutile de faire
reconnoître celle du Mogol & du Japon.

Les apparitions des deſpotes de l'Ethiopie
ſont moins fréquentes ; ils ne ſortent de leurs
palais que quatre fois l'année, & pour ſe
montrer au vulgaire ils ſe placent derriere un
voile. C'eſt ainſi qu'il paroît dans ſes grands
jours, & qu'il prononce ſes arrêts ou ſes
oracles.

Les Éthiopiens, comme tous les peuples du
monde, n'ont pas toujours pris un homme
pour repréſenter l'Etre ſuprême. Plutarque
nous parle d'un peuple de ces contrées qui

(a) Pſ. 23.
(b) Ezechiel 46. 1.

conféroit la dignité royale à un *chien*, l'ho-
noroit comme un *Dieu*, & lui donnoit des
hommes pour officiers, & pour miniftres.
Strabon nous apprend que les mêmes peuples
ont eu des temps, où ils n'avoient pour rois
que des prêtres ; tradition plus favorable à la
haute antiquité de cette nation, qu'à fa fageffe ;
mais qui nous défigne parfaitement tous les
différents progrès du regne théocratique. Le
même auteur nous fait auffi connoître quelles
en ont été les fuites, en difant ailleurs, que de
fon temps l'Ethiopie étoit gouvernée par des
rois, qu'on adoroit comme des dieux, & qui
ne fe montroient jamais, pour mieux entretenir la vénération de leurs fujets. Tous les
anciens hiftoriens nous ont tranfmis les mêmes
détails au fujet des rois d'Affyrie, de Babylone, de Perfe & de Médie ; il y alloit de la
vie de paroître devant ces princes ; il penfa en
coûter cher à la belle Efther, pour s'être pré-
fentée d'elle-même devant Affuérus, parce
qu'on ne pouvoit voir fon roi, comme on ne
pouvoit voir fon Dieu, fans mourir. Ce n'étoit
auffi qu'en certain temps que ces anciens defpotes fe montroient, & qu'ils fortoient de leurs
palais inacceffibles ; il falloit alors fe profterner
devant eux & les adorer. (*a*)

(*a*) Le lecteur pourra confulter l'Hiftoire Grecque
fur le cérémonial qui s'obfervoit à la cour des monarques Perfans & Affyriens.

G v

C'étoit de même quatre fois l'année, que les Apalachites, habitans de la Floride & adorateurs du soleil, alloient en pélérinage sur le mont Olagmi, pour l'adorer à son avénement aux quatre saisons ; ce culte étoit encore fondé chez eux sur le souvenir des malheurs du monde ; ils disoient, (*a*) que le soleil ayant autrefois suspendu sa carriere, les eaux du grand lac Theomi s'étoient débordées, avoient couvert toutes les montagnes, excepté le mont Olagmi, que le soleil épargna, à cause de son temple qui y étoit placé, & que c'étoit en mémoire de cet événement, & pour se le rappeller, que leurs ancêtres s'y étoient réfugiés, qu'ils venoient quatre fois l'année en ce lieu pour y témoigner leur reconnoissance éternelle envers le soleil ; ils donnoient ce jour-là la liberté à six oiseaux ; (*b*) usage allégorique, qui avoit rapport à l'ancienne délivrance ; la fête finissoit par des processions de rameaux, par des jeux, des festins & des danses ; c'est ainsi, suivant Lucien, qu'une fois l'année, au temple de la déesse de Syrie, un homme montoit sur une tour élevée, où il restoit pendant sept jours sans boire, sans manger,

---

(*a*)*Cer. Relig.* tom. 7.

(*b*) Quand nos rois de France entrent à Notre-Dame de Paris, on y donne de même dans l'église la liberté à des oiseaux qu'on y a apportés exprès dans des cages.

& sans dormir, en mémoire du salut trouvé sur les hauteurs, & des miseres du genre humain après le déluge.

Ces apparitions des Rois, ces visites, ces pélérinages réglés chaque année par les quatre saisons, ont eu une origine commune, & ont été des usages suivis de presque tous les temps. Nous avons encore en Europe nos quatre-temps, accompagnés de jeûnes & de processions; mais l'on ignore qu'ils procédent des Bacchanales des quatre saisons, qui dans la haute antiquité n'étoient que des fêtes de deuil & de tristesse, établies en mémoire de la fin de l'ancien monde, dont la fin de chaque saison rappelloit le souvenir. Le nom de *Bacchanales*, qui signifie *lamentation*, (*a*) en est la preuve.

Les quatre grandes fêtes annuelles de tous les peuples, & les quatre carêmes de certaines sectes du christianisme, ont une origine absurde, que tout le monde connoît; mais ils en ont une inconnue, qui remonte de même aux institutions primitives de la terre renouvellée.

Dans le Royaume de Siam, (*b*) ce n'est qu'une fois l'année que l'Empereur sort de son Serrail, encore n'est-ce point pour se faire

(*a*) Histoire du Ciel, *tom.* 1.
(*b*) *Cer. Relig. tom.* 6.

voir à ſes peuples , mais pour les faire fuir ;
auſſi-tôt qu'il paroît , il faut s'éloigner au
plus vîte , ou ſe proſterner le viſage contre
terre pour ne le point voir. Ce prince terrible tient donc lieu à ſes peuples , de ces
anciens coffres myſtérieux & de ces arches
où l'on prétendoit que réſidoit la divinité.

Dans les fêtes Grecques & Egyptiennes ,
d'Iſis , & de Cérès , dans les fêtes Gauloiſes ,
au temps de la moiſſon , chez les Hébreux ,
ces coffres , ces châſſes ou arches ſe portoient
en proceſſion & en triomphe en certaines
occaſions ; alors chez les uns il falloit fuir ,
ſe cacher , ou détourner les yeux , & chez
les autres , on auroit pu les toucher ſans être
exterminé.

Le monarque Siamois n'a donc été dans ſon
origine que le coffre redoutable & le Dieu
ſymbolique de la théocracie ; mais ce qui nous
le va dévoiler tout-à-fait , c'eſt que les Siamois doivent ignorer le nom de leur Prince ;
ce nom doit être un myſtere pour eux ; &
ſi par hazard ils le connoiſſent , il leur eſt défendu de le prononcer. (a)

Les voilà donc enfin traveſtis en Siamois ,
ces redoutables *Jehovah* & *Vejovis* (b) des
Hébreux & des Romains , ces divinités cruel-

(a) Ibid.
(b) *Cicero de nat. Deor.*

les , jaloufes , vindicatives , auxquelles ces
deux peuples , toujours dans la crainte quand
ils y penfoient , offroient leurs victimes &
leur encens, pour n'en point recevoir de
mal ; ils n'auroient de même ofé prononcer
ces noms divins , qui dans leur idée étoient
capables de faire rentrer la nature entiére dans
le cahos.

A Jerufalem comme à Siam ce n'étoit qu'une
fois par année que le palais du Dieu monarque , c'eft-à-dire le fanctuaire , étoit ouvert ,
& que le renouvellement de l'année civile rendoit acceffible le redoutable *Jehovah.* Dans ce
jour fameux , qu'on appelloit le *jour des expiations* , & que le grand prêtre lui-même regardoit comme dangereux pour lui , les dévots
faifoient mille folies , que l'attente de la fin
du monde eft feule capable d'expliquer ; alors
le pontife entroit dans le faint des faints,
où tout tremblant de la peur d'en mourir ,
il prononçoit à voix baffe , pour que perfonne
ne l'entendît , le nom du Dieu de la terreur ,
dont le peuple avoit fait fon monarque.

Le grand prêtre de *Minerve Poliale* n'entroit auffi dans fon Temple qu'une fois l'année. Lucain nous fait voir à peu près le même
ufage , & la même terreur dans une forêt facrée des environs de Marfeille.

Nous obferverons ici que cette affreufe
maxime qui femble transformer les Rois en des
Démons , dont il faut ignorer le nom , eft fui-

vie dans presque toute l'Asie ; on n'y voit
jamais, comme en Europe, le nom des Rois
à la tête de leurs ordonnances & de leurs
édits ; on y lit seulement ces mots despotiques : (a) *Un commandement est sorti de la
bouche de celui à qui l'univers doit obéir.* Bizarre & ridicule orgueil, qui ne pouvant
être que très-ancien, puisqu'il doit son origine à la théocratie, est vraisemblablement la
cause pour laquelle tous les auteurs Grecs ont
si peu connu les noms des Rois de l'Orient.

L'Oracle de Delphes dans les plus anciens
temps dont la Grèce fasse mention, ne faisoit
parler Apollon qu'une fois l'année seulement ;
c'étoit le jour auquel on célébroit la naissance
du Dieu, qui arrivoit au printems. Les Japonois s'imaginent de même qu'une fois l'année
tous les Dieux descendent en terre d'une façon invisible, & qu'ils vont habiter pendant
un mois dans le palais du grand pontife, pour
l'inspirer & l'instruire. Le voyage que toutes les Divinités de l'Asie faisoient aussi chaque
année en Ethiopie, en mémoire de la guerre
des Typhons & des Géans, est fameux dans
l'histoire de la religion. Le dernier mois de
nôtre année se nomme encore *le mois de l'avent*,
c'est-à-dire, *le mois de l'arrivée* ; & au renouvellement de la course solaire, nous célébrons

---

(a) Kempfer.

la naiſſance du Meſſie des Juifs, & de l'Etoile de Jacob. Les Romains célébroient dans le même temps la fête de la naiſſance de l'inviſible Mytras. *(a)* Les trois meſſes que l'on célébre pendant la nuit de Noël, ſemblent avoir rapport aux trois Autels ſur leſquels ces derniers peuples ſacrifioient la nuit des jeux ſéculaires, au renouvellement de chaque ſiécle.

L'univerſalité de ces uſages, malgré la différence des motifs que chaque peuple & chaque religion ont allégués, eſt une preuve invincible que toutes ces manifeſtations de Dieux, de Rois, & d'oracles, au commencement ou à la fin des années, n'avoient autrefois en vue que les dogmes de la deſcente du grand Juge, & du Jugement dernier à la fin des périodes. Jugeons par-là de l'univerſalité d'erreurs dans laquelle toute la terre entiére eſt enſevelie.

_____

(a) Le ſoleil.

SECTION XIV.

Suite du même sujet.

LE roi d'Arrakan ne se montre, suivant *Gautier Schouten*, que tous les cinq ans, à la pleine lune du dernier mois de l'année solaire ; c'est en ce pays le seul temps où il soit permis de le regarder. Nous avons vu jusqu'ici que les rois sont comme obligés de faire ces apparitions ; ici c'est le peuple que le roi oblige de se rendre à la capitale (*a*), de toutes les parties du royaume, pour y connoître son monarque ; ensorte que l'on y voit alors accourir une foule innombrable : c'est ainsi que les Hébreux couroient à leur Pâque annuelle, qu'il falloit célébrer nécessairement à Jérusalem. La magnificence avec laquelle le roi d'Arrakan se montre à ses peuples, est sans égale ; l'appareil de cette pompe & de la marche du Prince, surpasse tout ce qu'on pourroit en dire ; néanmoins les voyageurs ne nous en ont point détaillé le plus instructif, puisqu'ils ne nous ont point expliqué le sens de la disposition générale de la fête, & de tous les objets symboliques & allé-

(*a*) Histoire générale des voyages, tom. 1, pag. 42.

goriques qui y paroiſſent : il eſt vraiſemblable
qu'ils n'ont pu le découvrir , & que ce peuple
lui-même l'ignore peut-être tout le premier.
C'eſt-là où en ſont tous les peuples de la terre
ſur leurs uſages. Quoi qu'il en ſoit , ces grands
jours ſe paſſent en ſpectacles , en jeux , en
danſes , en concerts ; ce ne ſont point des jours
de terreur , comme chez les autres nations ; ce
ſont des jours d'allégreſſe & de plaiſir , comme
aux Saturnales que les Romains célébroient au
renouvellement de l'année (*a*) ſolaire , & de
leur année (*b*) civile. Nous verrons ailleurs
quelles ſont les raiſons pour leſquelles la même
cérémonie eſt un objet de terreur chez les uns,
& de réjouiſſance chez les autres.

Les anciens ont auſſi connu ces périodes de
cinq années. C'étoit alors que les Romains
pratiquoient des expiations & des luſtrations
générales , qui firent donner le nom de *luſtre*
ou de *luſtrale* à toutes les cinquiemes années ;
c'étoit encore dans ce temps qu'ils faiſoient le
dénombrement des citoyens : chaque particulier payoit ce jour-là une taxe modique , &
l'on ne peut gueres douter , vu les autres uſages de ces fêtes , que cette taxe ne fût comme
le demi-ſicle que payoient chaque année les
Juifs ; ſorte de rachat , par lequel on croyoit

(*a*) En décembre.
(*b*) En mars.

sauver sa tête de la justice divine , & des puissances infernales dont on s'imaginoit être me-
nacé à la fin de tous les périodes.

Les jeux Olympiques , si anciens parmi les
Grecs , qu'ils n'en connoissoient point la véritable époque , se célébroient chez eux après la
quatrieme année révolue. Ce période étoit
vraisemblablement , dans son origine , une semaine sabbatique de quarante-neuf mois , ainsi
que l'a déja soupçonné Noël-le-Comte dans sa
Mythologie. Les Grecs avoient encore les jeux
Isthmiques , qui se célébroient tous les cinq
ans ; les jeux Pythiens , tous les sept ans ; &
les jeux Néméens , tous les trois ans d'abord ,
& ensuite tous les cinq ans : il se faisoit dans
ces circonstances un concours innombrable
dans les villes consacrées à ces grands jours ;
on s'y préparoit par diverses cérémonies expia-
toires , & toutes les hostilités cessoient , afin
de se réunir , & de célébrer en paix les grands
exploits des dieux , les titans terrassés , la
défaite du serpent Python , & une infinité
d'autres anecdotes allégoriques , qui étoient
toutes des commémorations des anciens événements de la nature , lors de la destruction &
du rétablissement du monde. Ce seul point de
vue est la clef de toutes les antiquités religieuses de la Grece , sur lesquelles on a déja fait
tant de commentaires inutiles.

Tous les trois ans les Hébreux pratiquoient
aussi quelques usages , qui ne pouvoient pro-

céder que de la même source ; ils avoient des aumônes à faire, une dixme extraordinaire à payer, qu'ils devoient distribuer aux Lévites, aux étrangers, aux pauvres & aux orphelins ; & en considération de ces bonnes actions, ils prioient le Seigneur de bénir son peuple, & la terre qu'il lui avoit donnée *(a)*.

L'unanimité de tous les peuples pour célébrer la naissance & la fin des périodes par des usages qui ont tous rapport aux anciennes révolutions du monde, nous engage ici à dire aussi quelque chose des Jubilés des Hébreux, pour les ramener à leur véritable origine, qui depuis tant de siecles est cachée, pour les Hébreux mêmes, dans une profonde obscurité. Cette nouvelle preuve de leurs erreurs, nous ouvrira les yeux sur une multitude d'autres qui leur sont particulieres, mais qui toutes intéressent infiniment le genre humain.

La principale source des erreurs de cette nation, est l'oubli de la langue de ses peres. Presque toutes ses fables & ses méprises viennent de la mauvaise interprétation des noms, & des particularités de ses traditions primitives ; & ce qu'on aura peut-être peine à croire, c'est que tous les auteurs de ses livres sacrés ignoroient la langue hébraïque. Pour adoucir ce paradoxe, j'ajouterai que ces auteurs

(a) Deuteron. chap. 6.

ignoroient l'hébreu , c'eſt-à-dire l'ancien hébreu , comme les François modernes ignorent
le gaulois, dont pourtant leur langue eſt en
partie dérivée ; ils ſe ſont trompés de la même
façon que nous nous tromperions auſſi , ſi
nous voulions expliquer les mots gaulois par
les mots françois qui ont avec eux quelque
conſonance.

Une autre ſource de ces mépriſes de langage
chez les Hébreux , vient de ce qu'ayant ſouvent été errants & tranſplantés chez les nations
étrangeres, ainſi qu'il paroît par leurs hiſtoires,
leur hébreu primitif s'eſt altéré & corrompu
par le mélange de toutes ſortes d'idiomes ; d'où
il eſt arrivé par la ſuite qu'ils ont expliqué un
mot chaldéen par un mot hébreu , un mot
hébreu par un mot perſan ou égyptien , &
enfin des mots égyptiens par des mots hébreux,
perſans ou chaldéens. Le nom de *ſchabat* , par
exemple , qui ne doit ſignifier que *renouvelle-*
ment , a produit dans leurs fêtes & dans leurs
uſages , une multitude de fables groſſieres,
parce qu'ils l'ont interprété par *repos* , ce qui
leur a fait perdre tout-à-fait de vue le ſens de
leurs traductions , & les intentions primitives
de leurs loix & de leurs fêtes , qui toutes
portoient ce nom.

Pour ne parler ici que des jubilés qu'ils célébroient tous les ſept ans , comme cette ſolem-
nité s'appelloit auſſi la fête du *ſchabat* de la
terre , ils s'imaginerent , lorſqu'ils eurent ou-

blié la véritable fignification de ce titre, en
appercevoir le fens dans les ufages de ces jubilés; & quand cette expreffion fignifioit repos,
parce que dans l'année jubilaire ils laiffoient la
terre fans culture, ne femoient point les
champs, ne tailloient point la vigne, ni les
plants d'oliviers, ne cueilloient aucuns fruits,
& qu'ils ne faifoient enfin aucune moiffon,
aucune recolte ni aucune vendange, de ce que
la terre pouvoit avoir produit d'elle-même; il
eft vrai que de tels ufages étoient très-capables
de les tromper, auffi-bien que l'inaction où
ils devoient être chaque feptieme jour; mais
pour être excufables, ils n'en étoient pas moins
dans l'erreur, ainfi que leurs légiflateurs &
leurs prêtres, qui par-là ont trompé tout le
genre humain. Les interprêtes qui ont tenté
jufqu'ici d'expliquer une loi auffi étrange, qui
par l'abandon de la culture des terres devoit
entraîner de fi mauvaifes fuites pour le bien
commun, n'y ont prefque tous vu qu'une
énigme impénétrable. M. Prideaux eft forcé
d'avouer que ces jubilés, & ces femaines fabbatiques, n'éclairciffent aucuns paffages de l'écriture, & qu'on n'y peut voir qu'un joug pefant,
qui attira aux Ifraélites de féveres punitions,
parce qu'ils négligerent prefque toujours de
l'obferver, malgré l'excès de fa fuperftition.
Ce peuple ne fe fia réellement jamais fur cet
article aux promeffes de fon Dieu, qui lui
avoit dit, *ne crains point de mourir de faim cette*

septieme année , car je répandrai ma bénédiction sur la sixieme , pour qu'elle te produise autant de fruits que trois autres. La peur de la famine l'emporta , & sur ces belles promesses , & sur les menaces ; Israel laboura ses champs , & voulut toujours faire sa vendange , par la suite cependant les grandes calamités dons il se vit frappé , lui rappellerent cette insigne désobéissance , & la méfiance de ses peres , & il ne manqua pas d'attribuer tous ses malheurs au défaut de célébration de ces jubilés , comme les Romains attribuoient les désastres de leur république au défaut de célébration des jeux séculaires.

Si nous n'avions donc que les Hébreux pour nous éclaircir sur leurs propres usages , nous espérerions envain d'y parvenir. Ils ignoroient quel étoit l'objet particulier de chaque fête , comme ils ignoroient l'objet général de leur religion & de leur culte. En nous disant que le jubilé étoit une loi de Moïse , faite pour accorder le repos à la terre , ils nous montrent par cette réponse leur profonde ignorance , puisque l'on peut juger par leurs écritures mêmes que la distinction des septiemes années , & les usages qui y étoient attachés , étoient plus anciens que leur Moïse. Jacob qui se louoit chez Laban de sept en sept ans , afin d'épouser ses filles , suffit pour nous prouver que cet usage jubilaire étoit répandu dans l'Orient plus de deux cent soixante ans avant leur législateur , & avant les loix de son lévitique.

Au défaut de ces Hébreux, dont on prétend si ridiculement faire les premiers docteurs du monde, les Américains, qu'on méprise tant, vont nous rendre raison de l'institution du jubilé ; & en particulier de cet abandon total qu'il falloit faire, pendant les jours sabbatiques, de toutes les choses de la terre.

Les voyageurs & les historiens de l'Amérique s'accordent tous à nous apprendre que les Mexicains attendoient la fin du monde à la fin de chaque siecle ; leur siecle étoit composé de cinquante années, c'est-à-dire qu'il formoit une grande semaine sabbatique de semaines d'années ; & leur année étoit composée de dix-huit mois de vingt jours chacun, au bout desquels ils en ajoutoient cinq, pour compléter l'année solaire.

En conséquence de cette attente singuliere où ils étoient de la fin du monde, le dernier jour qui voyoit expirer le siecle, étoit un jour d'affliction, de deuil, & de pénitence ; ils éteignoient le feu sacré dans leurs temples, & le feu domestique dans leurs maisons ; & après avoir cassé & brisé tous les meubles & tous les uftenciles du menage, comme choses qui devenoient inutiles & superflues, les uns passoient la nuit dans la priere, & presque tous dans les alarmes, & dans la désolation, s'attendant à chaque heure à voir le dernier moment de la nature. Cette terreur augmentoit à mesure que la nuit s'avançoit ; mais l'espérance y suc-

cédoit enfuite , & croiffoit à mefure que l'obfcurité commençoit à diminuer ; on montoit
alors avec un empreffement encore plein d'inquiétude fur les toits des maifons ; on regardoit attentivement l'Orient ; on étudioit les
progrès les plus imperceptibles de l'aurore
naiffante; c'étoit à qui auroit de plus grands
& de meilleurs yeux ; & à peine les premiers
rayons du jour annonçoient-ils le retour du
foleil , qu'un cri univerfel rappelloit la joie &
l'allégreffe ; on couroit au temple rallumer le
feu facré, & par des hymnes & des cantiques ,
on remercioit la divinité d'avoir prorogé la
durée de l'empire , & d'avoir accordé un nouveau fiecle au monde. Je ne détaillerai point
la fête qui étoit la fuite de ce grand renouvellement ; ce que nous venons de voir fuffit
pour expliquer tous les ufages des Hébreux
dans leur jubilé ; il ne faut pour cela que confidérer la bizarre coutume qu'avoient les Mexicains de caffer leurs meubles dans cette occafion , comme la fuite & l'abus outré d'une
inftitution , qui avoit eu pour objet dans fon
origine de faire un facrifice à Dieu de toutes
fes propriétés , de lui montrer avec quelle ré-
fignation on fe détachoit des chofes d'ici-bas ,
& avec quelle foumiffion on étoit prêt à fouf-
crire à ce qu'il ordonneroit à la fin des périodes fur le deftin de l'univers.

La découverte de ce grand point de vue nous
fait expliquer toutes les folies de quelques
nations

nations au temps des éclypfes, où elles faifoient un bruit épouvantable avec des mar-
mites, des chauderons, & d'autres uftenciles
de ménage, qu'elles brifoient (*a*) de même,
comme je l'ai vu en certaines relations ; c'eft
que l'obfcurité foudaine des éclypfes leur rappellant le fouvenir des anciennes ténèbres,
elles croyoient en voir le retour, & qu'efti-
mant la fin du monde très-prochaine, elles
s'imaginoient n'avoir plus befoin de rien.

En confidérant ces ufages fous le même af-
pect, il fera également facile d'expliquer lit-
téralement toutes les coutumes fabbatiques des
Ifraélites.

Premiérement, le nom de *Jubilé*, qui fignifie *corne de bélier*, c'eft-à-dire, *trompette*,

_____

(*a*) Les juifs ont encore l'ufage aujourd'hui, deux
jours au moins avant Pâques, qui commence leur
année facrée, de renouveller leurs uftenciles ; cet ufage
n'eft cependant pas univerfel chez eux, comme l'ufage
de caffer les meubles n'étoit point univerfel chez les
anciens au temps des éclypfes. L'efprit de ménage &
d'économie, eft ce qui a fans doute introduit ces changements ; les nations fe contentèrent alors de faire du
bruit avec leurs uftenciles, & les Hébreux à Pâques fe
contentent prefque tous aujourd'hui de les nettoyer &
de les purifier. Il en eft à-peu-près de même chez nous ;
nous ne déchirons point nos meubles au renouvellement
de l'année pafchale, mais nous avons l'ufage de nous
donner toujours quelques meubles ou quelques habits
neufs en ce temps.

H

étoit donné aux grands périodes des Hébreux, parce que pour en annoncer le commencement au peuple, sept Prêtres sonnoient de la trompette, le dix du mois *Tizri*, pour annoncer le jour des expiations, où il falloit affliger son ame; après quoi le grand Prêtre entroit dans le Sanctuaire pour y prononcer le terrible mot de *Jehovah*. Selon le sentiment des Juifs d'aujourd'hui, la trompette est un signe du Jugement, & nos Apocalyptiques n'ont jamais manqué de mettre à la bouche des Anges exterminateurs, cet instrument fatal; ainsi le nom de la fête offre déjà le dénouement des terreurs dont le grand Prêtre & le peuple étoient toujours frappés ce jour-là.

Secondement, ce temps s'appelloit *le Sabbath de la terre*, c'est-à-dire, *le renouvellement de la terre*, parce que l'idée de la fin du monde entraine toujours après elle l'idée de son renouvellement soit naturel soit surnaturel; d'ailleurs le temps Jubiliaire commençoit toujours avec l'année civile; mais il n'est pas étonnant de voir ce temps porter le même nom que portoit autrefois chez les Hébreux le premier mois de l'année Solaire, qu'on nommoit *Schakt* dans le même sens, & par la même raison que nous appellons ce mois *Janvier*, d'un ancien mot latin qui signifie celui qui ouvre & qui renouvelle l'année. Le mot Hébreu pourroit être la matiere d'une ample dissertation, mis elle seroit ici trop longue ; il suffit seulement de remarquer que les mots de *Jubilé* (a) & de *Sabbat* (b), donnés au même temps & au même usage, indiquent toujours que les renouvellemens étoient les annonces du Jugement & du grand Juge.

Lors donc que les anciennes loix commémoratives, ou plutôt celles qui en dérivèrent & qui en outrèrent les usages, comme font ici les loix Méxicaines & Hébraïques, qui défendoient aux hommes de cultiver la terre la septieme année, & leur ordonnoient de ne vivre que de ce qu'elle produiroit d'elle-même, & de ce que le hazard (c) leur feroit trouver chaque jour, c'étoit pour les avertir que le période de la fin du monde étoit prochain, & qu'il falloit bientôt renoncer à tout. Comme c'est le temps, leur disoit-on, où l'Etre suprême doit vous juger, vous exercerez cette année la miséricorde, & vous remettrez les dettes de vos freres, pour que le grand Juge vous remette les vôtres : vous vous détacherez de tous les biens d'ici-bas ; vous abandonnerez toute propriété ; vous rendrez la liberté à vos esclaves ; tous les marchés, tous les *contrats*, toutes les acquisitions

----

(a) Trompette.
(b) Renouvellement.
(c) *Levitiq.* 25. 12.

H ij

que vous aurez faites jusqu'à ce jour seront nulles, parce que c'est l'année de la remise, (a) & de la dissolution de toutes choses ; s'il plaît cependant au Seigneur de nous accorder un autre période, tout ce qui aura été fait dans l'antécédent, sera censé (b) oublié, & comme non avenu ; *l'esclave vendu demeurera libre ; le bien acquis retournera à ses anciens maitres, chaque homme à sa premiere famille ; & vous ne pourrez enfin jamais vendre la terre à perpétuité, parce que la terre est au Seigneur, qui peut nous l'ôter quand il lui plaira, comme il l'a ôté autrefois à nos Peres.* (c)

Telle est la simplicité avec laquelle les Méxicains auroient expliqué aux Hébreux des usages anciens auxquels ils ne comprennent plus rien, & que nos prétendus organes de l'esprit saint n'ont pas mieux connu qu'eux. Leurs écritures sacrées, qui leur ont bouché les yeux, auroient pu, cependant, les leur dessiller quelquefois, si dans cette

---

(a) *Nomb.* 36. 4.

(b) Cette coutume a été très-fatale à l'histoire du monde. Nous verrons par la suite que ce précepte a été cause de l'oubli où sont tombés tous les anciens périodes après cent ans, après mille ans, &c. Il falloit de même que tout le passé fût censé oublié & non avenu ; & par un esprit religieux on abolissoit autant qu'il étoit possible le souvenir de toutes choses.

(c) *Levitiq.* 25. 23.

multitude de menfonges & de vérités qu'elles
contiennent, l'homme n'eût pas toujours
été plus porté vers le faux que vers le vrai.

Le quatrieme livre d'*Efdras*, chap. 16.
confirme finguliérement l'explication que nous
venons de tirer des Mexicains. Ce Prophète
annonçant au monde que fa fin eft prochaine,
s'écrie, « Que celui qui vend, fafle comme
» celui qui fuit ; celui qui acquiert, comme
» celui qui perd ; celui qui trafique, comme
» celui qui eft fans profit ; celui qui fe bâtit
» une maifon, comme s'il n'y devoit point
» habiter ; celui qui féme, comme s'il ne
» devoit point recueillir ; celui qui façonne
» fa vigne, comme s'il ne devoit point la
» vendanger ; enfin, que celui qui fe marie,
» fafle comme s'il ne devoit point avoir d'en-
» fants, le tout, dit cet Enthoufiafte, parce
» que ceux qui travailleront, travailleront en
» vain. »

Cette application de tous les ufages du Jubilé, aux approches de la fin du monde,
dénote, fans doute, que les Hébreux n'ont
point toujours méconnu le véritable fens de
ces ufages. La fin vient, dit auffi Ezéchiel
chap. 7. « elle vient cette fin fur les quatre
» coins du monde, ce jour de carnage des
» hommes, & non de la gloire des monta-
» gnes ; celui qui vend ne rentrera point alors
» dans la poffeffion de ce qu'il vend. » Et
pourquoi ? parce que ce fera le dernier de

H iij

tous les périodes, comme on le peut juger par cet extravagant & sublime chapitre d'Ezéchiel.

On doit trouver étonnant qu'avec de tels passages les Juifs & les Chrétiens n'ayent jamais connu la véritable institution des Jubilés ; c'est, comme je l'ai dit tout à l'heure, que la superstition est toujours aveugle pour le vrai ; au reste on peut juger par cette ignorance, dont les premiers traits sont dans le Pentateuque, que toutes les erreurs & les folies des Hébreux sont infiniment anciennes, puisque ce livre lui-même est d'une très-haute antiquité.

Cette histoire des Jubilés nous a écartés de nos Despotes ; mais comme ces fêtes avoient rapport à la manifestation périodique de ce même grand Juge, que tous les Souverains Orientaux ont toujours affecté de représenter, en rapprochant ainsi le tableau des usages civils, avec celui des usages religieux, on en verra mieux la suite continue & non nterrompue de toutes les erreurs humaines.

SECTION XV.

Les usages théocratiques se conservent chez tous les despotes ecclésiastiques.

LE cérémonial, & tous les usages que nous avons reconnus dans les cours des despotes de l'Asie, se retrouveront aussi chez les nations qui admettent à leur tête des souverains pontifes. Ces princes ecclésiastiques ont surpassé l'orgueil des rois temporels, sur lesquels, en tout lieu, ils ont toujours prétendu dominer, parce que leur état & leur caractere les approchent bien davantage de nos anciens rois théocratiques ; indépendamment de l'invisibilité qu'ils affectent tous dans l'Asie, ils prétendent encore à l'immortalité.

Le grand Lama, que la plus grande partie de l'orient appelle le *prêtre universel*, ne meurt jamais dans l'esprit des peuples ; pour entretenir leur crédulité, il n'y a point de fourberies & de ruses que ses ministres ne mettent en usage pour le remplacer adroitement quand il vient à mourir, ainsi que pour rendre son aspect rare & difficile. Si ces imposteurs plaçoient derriere un voile un bloc de marbre, ce seroit de même un véritable roi théocratique; il dureroit plus que tous les Lamas du monde ;

H iv

il leur serviroit autant , seroit moins de mal ,
& leur épargneroit bien des mensonges.

L'immortalité est de même un des privileges du grand *Kutuktu* ou *Katucha* des Cal-
mouks (a). Ce titre , aussi difficile à remplir
pour lui , que tous les autres attributs de
l'Etre suprême , éternise en ces contrées l'imposture des prêtres , qui , pour perpétuer leur
foible divinité , ou plutôt leur idole , per-
suadent au peuple que le grand pontife vieillit
avec la lune , & se renouvelle avec elle. C'est
par ce même moyen que l'on a éternisé les
Adonis anciens & modernes , en les faisant
naître & mourir tous les ans , & en réglant
leur naissance & leur résurrection par le cours
du soleil , comme les renouvellements du grand
Katucha sont réglés par le cours de la lune.

Le suprême sacerdoce coûte bien davantage
au *Chitomé* (a) , grand-prêtre de l'Abyssinie.
Le peuple , apparemment trop instruit qu'il
n'est qu'un homme , & qu'il en doit subir la
loi finale & commune , n'accorde point l'immortalité à son pontife , mais au seul sacerdoce ,
qui ne doit pas même vieillir , ni être sujet à
l'infirmité ou à la caducité. Comme le grand-
prêtre & le sacerdoce sont cependant étroitement liés ensemble , il a pour nécessaire en ce

_____

(a) *Cer. Relig. tom.* 6.
(b) *Relat. d'Ethiopie par le P. Labat, chap.* 1.

pays de défendre au *Chitomé* de vieillir, afin
que le sacerdoce ne se ressentît point de sa
vieillesse ; ce seroit dans l'esprit de ces peuples
un très-grand malheur, & le monde même
périroit, si ce grand-prêtre, devenant cadu-
que, mouroit naturellement ; le sacerdoce en
seroit avili, déshonoré & anéanti. Pour prévenir donc de si grands maux, lorsque le
Chitomé est malade, on l'assomme ; s'il devient
vieux, on l'étouffe, & un pontife plein de
vigueur, que l'on tient sans doute toujours
prêt, succede à celui auquel on n'a pas laissé
le temps d'être malade, & de déshonorer le
sacerdoce, qu'on prétend éterniser par ce barbare usage.

Je ne sais s'il se tient un conclave en cette
contrée pour l'élection des grands pontifes,
& si l'on y voit autant de prétendants & de
brigues que dans le conclave Romain ; les
voyageurs ne nous en ont rien dit ; ce qu'il y
a de certain, c'est que le *Chitomé* Abyssin est
un *Apis* Egyptien ; ce bœuf sacré, cet ancien
roi théocratique de Memphis, ne pouvoit pas
non plus mourir naturellement, sans qu'il
tombât de très-grandes calamités sur l'Egypte,
par la raison, sans doute, qu'il auroit déshonoré l'éternité du Dieu monarque, dont il
étoit représentant : on ne l'assommoit pas, il
est vrai, si cruellement que le *Chitomé* dont
nous parlons, mais on le noyoit respectueu-
sement dans le nil, quand il approchoit de sa

fin ; c'étoit une solemnité fort dévote, après laquelle on lui cherchoit un successeur.

Les Mexicains (a) avoient aussi une sorte d'*Apis* ou d'*Adonis* vivant, dont le sort n'étoit pas moins cruel : c'étoit un homme qu'on renouvelloit tous les ans ; on l'adoroit pendant le cours de l'année ; rien ne lui manquoit du côté des honneurs & de la bonne chere ; mais l'année révolue, on l'égorgeoit, après l'avoir prévenu neuf jours d'avance, en lui disant : *Seigneur, vos plaisirs finissent dans neuf jours.*

La cruauté a toujours été la suite de l'idolâtrie, comme du despotisme ; ces deux monstres ont une commune origine.

L'Europe moderne, ainsi que l'Abyssinie, ne reconnoît point d'immortalité dans les souverains pontifes ; mais le sacerdoce s'y prétend infaillible, immortel, divin, & indépendant de toutes les sociétés & de toutes les puissances de la terre ; comme il a perdu le souvenir de la primitive origine de toutes ces chimeres théocratiques, il les fonde sur cette seconde époque, où les terreurs paniques de la fin du monde, & du regne du ciel, les réveillerent, & remplirent les hommes d'un esprit de vertige, qui leur fit voir le grand Juge dans un Juif pauvre & misérable, qu'ils déifierent, comme celui qui avoit fait, ou qui devoit faire

_____

(a) *Cer. Relig. tom.* 7.

bientôt descendre le regne du ciel sur la terre.
C'est depuis cette époque de confusion pour le
genre humain, que le sacerdoce se croit immortel, qu'il prétend montrer une succession continue & non interrompue de princes spirituels
depuis dix-huit siecles, & qu'il se flatte qu'elle
se continuera jusqu'à la consommation des
temps. Je ne ferai point voir quelle est la fin à
laquelle cette immortalité doit s'attendre ; mais
ce que je sens bien, c'est que son principe se
perd dans plusieurs siecles de ténebres &
d'ignorance ; que les premiers papes sont aussi
fabuleux que les premiers rois d'Egypte & de
la Chine, & que cette prétendue immortalité
du sacerdoce Romain ayant aussi commencé
dans l'obscurité, s'évanouira nécessairement
dans la lumiere progressive des siecles futurs.

Comme le Christianisme n'a fait que renouveller une ancienne chimere dont il a été lui-
même la dupe, il a toujours travaillé à ramener sur la terre les anciennes théocraties,
& il a renouvellé les maux & les erreurs, qui
étoient les suites inévitables de leurs faux
principes. C'est de ces anciennes sources que
sort ce dogme cruel de l'universalité future de
la monarchie chrétienne ; c'est comme succes-
seurs & représentants de ce faux grand Juge,
aujourd'hui adoré comme *Adonis*, & comme
les *Osiris*, que des hommes ont osé sur la terre
affecter l'infaillibilité & l'indépendance, & que
le sacerdoce a toujours aspiré au despotisme,

soit directement, soit indirectement, en corrompant les gouvernements dont la constitution
en est le plus éloignée.

L'histoire passée & l'histoire présente de
l'église, sont les preuves de ces tristes vérités,
de l'origine de nos maux, & des préjugés qui
les produisent. Si nous avions le temps d'examiner le cérémonial religieux & politique de
l'élection & de la vie d'un pape, nous y trouverions pour nouvelles preuves, tous les traits
de l'ancien roi théocratique, & une multitude
d'usages qui n'ont d'autres sources que les abus
ridicules & idolâtres, que la plus haute antiquité avoit déja fait des dogmes sacrés de la
descente du grand Juge, & de l'arrivée de la
vie future. Je n'en voudrois point d'autres
preuves que ces indulgences & ces jubilés que
les papes dispensent à leur avénement ; comme
si la première année de leur pontificat étoit
celle du renouvellement du monde, & nous
ouvroit l'entrée de la vie future. C'est-là
néanmoins l'intention de l'ouverture de la porte
sainte ; l'on chante alors : *Ouvrez les portes de
la justice, les justes y entreront ; voici la journée
du Seigneur.* On n'y verra un jour que la journée des foux & des idolâtres.

SECTION XVI.

Tous les despotes veulent commander à la nature même.

CE seroit peu de montrer chez les rois le cérémonial théocratique , qui les veut élever au-dessus du reste du genre humain , pour le traiter comme un vil troupeau d'esclaves ; il faut les voir commander à la nature même , & jouer jusqu'au bout le rôle de la Divinité, dont on a voulu qu'ils fussent les emblèmes.

L'histoire ancienne nous offre plusieurs exemples de princes qui , se croyant une ame plus qu'humaine , se sont portés à cet excès d'extravagance , de penser qu'ils pouvoient se faire obéir des éléments. Jusqu'ici l'on n'a apperçu dans cet orgueil que les saillies parti-culieres de la folie de ces princes , & non une conduite autorisée & reçue dans le plan des anciens gouvernements ; mais en réunissant ces traits singuliers épars dans l'antiquité, avec ceux que l'histoire moderne & les voyageurs nous fourniront , nous serons à portée de juger si nos historiens moralistes ont vu dans ces anciennes folies tout ce qu'ils devoient y voir.

Si nous voulions avoir recours aux annales

des Hébreux , nous y trouverions nombre d'exemples de la superbe puiſſance des deſpotes de Ninive, de Perſe, de Babylone & d'Egypte, qui ſe regardoient comme le principe de toutes les choſes , & comme les maîtres de toutes les terres , de toutes les mers, de tous les fleuves, enfin comme les dieux ſouverains de tous les dieux de l'univers. Mais le fiel irréconciliable des Hébreux contre tous ces princes formidables , dont ils étoient le jouet , comme la plume l'eſt du vent, pourroit rendre ces reproches ſuſpects , ſi l'on n'y joignoit le témoignage des autres nations.

Perſonne n'ignore aujourd'hui les anecdotes du fameux paſſage de Xerxès en Grèce , ni la lettre impérieuſe que ce deſpote de la Perſe écrivit au mont Athos, pour lui ordonner de laiſſer paſſer ſes armées , en le menaçant en cas de déſobéiſſance de le faire jetter à la mer. Ce même inſenſé fit encore enchaîner l'Helleſpont, pour avoir cauſé le naufrage de ſes flottes ; & après lui avoir fait donner trois cents coups de fouët , comme à l'un de ſes eſclaves , l'apoſtropha & lui dit : *C'eſt ainſi , malheureux élément , que ton maître te punit.* (a)

Le même Auteur qui nous raconte ces folies preſque incroyables , attribue au grand Cyrus une action de cette eſpece. Un cheval conſacré

_____

(a) *Herod. Liv.* 1.

au soleil s'étant noyé au passage d'un fleuve, ce conquérant le fit sur le champ couper par son armée en trois cents soixante canaux, pour anéantir le cours de ses eaux sacrilèges.

Un ancien roi d'Egypte, (a) que quelques-uns font succéder à Sesostris, châtia le nil débordé, qui faisoit d'affreux ravages, en lançant contre lui un javelot.

Au royaume de Siam (b) les rois commandoient aussi autrefois aux éléments, aux Génies malfaisants, & aux démons, auxquels ils défendoient de gâter les biens de la terre; & comme notre roi d'Egypte, ils ordonnoient aux rivières débordées de rentrer dans leur lit, & de cesser leurs ravages.

Ceux qui nous ont décrit l'Afrique (c) ont rapporté des anecdotes semblables des souverains de cette religion; ils y sont presque tous des dieux de plein exercice. Les peuples de Totoka, ceux d'Agag, plusieurs autres voisins du Monomotapa, & ceux même de ce grand empire, s'adressent à leurs princes dans leurs besoins; ils y ont recours pour la pluie, pour la famine; pour la contagion, & leur demandent enfin mille autres secours divins.

Dans le royaume de Loango, (d) c'est le roi

(a) *Diod. liv.* 1. *Herod.* 1.
(b) *Cer. Relig. tom.* 6.
(c) *Idem tom.* 7.
(d) *Idem.*

qui difpofe du temps; l'une des grandes fêtes
du pays eft celle où on va lui demander la
pluie & le beau temps pour toutes les faifons
de l'année. Le prince alors prend fon arc, tire
une fléche en l'air,& tout le monde eft content.

Chez les Guiagues (a) c'eft encore du prince
que l'on croit tenir les faifons favorables, &
l'on y a recours dans toutes les néceffités ; ce
qui lui attire force préfents, fur-tout quand
le ciel eft fâcheux.

Chez les autres peuples Africains, (b) où la
confiance dans les prêtres l'emporte fur celle
qu'on a ailleurs dans les rois, c'eft à ces im-
poftures que l'on va demander de l'eau ou de
la féchereffe, de l'ombre, ou de la férénité; ils
s'habillent alors d'une maniere extravagante ;
fe chargent d'attributs & de figures fymboliques, montent fur un lieu élevé, frappant
l'air, & tirent leurs fléches contre le ciel ;
comme ils ont l'adreffe en ce pays, comme
par-tout ailleurs, d'attendre pour faire leurs
cérémonies, l'approche des nuées quand on
demande de la pluie, afin de ne pas fe com-
promettre, il arrive, difent les voyageurs,
qu'ils réuffiffent prefque toujours, & que le
peuple crie au miracle ; cependant ils ont l'art
de n'être pas pris en défaut, même lorfqu'il ne

____

(a) Relat. de l'Ethiopie du pere Labat. tom. 2.
(b) Ibid.

pleut pas ; c'eſt , diſent-ils , que les péchés du
peuple ont détourné les nuées.

L'Amérique n'a pas moins conſervé que l'Aſie
& que l'Afrique ces veſtiges remarquables des
anciennes théocraties ; elle nous les montre
même ſous un point de vue plus précis que
toutes les nations dont nous venons de parler ;
car d'après tous les exemples que celles-ci
nous donnent, on pourroit peut-être croire
que ces uſages ont eu pour principe général
l'orgueil & la vanité des princes , au lieu que
l'Amérique nous apprend , qu'ils appartenoient
au fond , & à la conſtitution du gouvernement
des nations. Le nouveau monde va donc pour
la ſeconde fois , dans cet ouvrage , inſtruire les
habitans de l'ancien.

Un des traits les plus remarquables de l'hiſtoire & du gouvernement des Mexicains , eſt
ſans contredit , le ſerment ſolemnel que leur
empereur faiſoit au jour de ſon ſacre ou de ſon
inauguration. Il juroit & promettoit que tant
qu'il régneroit les pluies tomberoient à propos
ſur la terre ; que les fleuves & les rivières ne
feroient point de ravages dans les campagnes
par leurs inondations, que les biens de la terre
ſeroient en abondance , que l'empire ne ſeroit
point affligé de ſtérilité , & que les hommes
ne recevroient du ciel , ni du ſoleil , aucunes
malignes influences. Pacte ſingulier , ſans doute,
ſur lequel Juſte-Lipſe & les voyageurs n'ont
fait que de vaines plaiſanteries , mais qui néan-

moins nous éclaircit tous les ufages de nos antiquités orientales. Ce ferment a dû , en effet ,
être ufité dans tous les gouvernements qui ont
eu primitivement la théocratie pour bafe &
pour principe. Ainfi ces anciens rois de l'Afie
dont on a dit tant de mal , ne nous ont
montré par leurs excès que les vices de l'adminiftration qu'on leur avoit remife en main.
Ce fut un fardeau immenfe dont l'homme fe
trouva chargé, auffi-tôt qu'à la place des fymboles muets & inanimés , on l'eut fait l'image
& l'organe de la divinité , il fallut alors qu'il
commandât comme elle au ciel & à la terre ;
qu'il fût le garant de toutes les calamités naturelles , qu'il ne pouvoit produire , ni empêcher , & la fource des biens , qu'il ne pouvoit donner. Enfin les nations imbécilles dans
leurs fuperftitions l'obligerent à fe comporter
comme le Dieu & comme les idoles avec lefquelles elles le confondirent ; tandis qu'en le
mettant à la tête de la fociété, elles n'auroient
dû rien exiger de lui , finon qu'il fe comportât
toujours en homme , & qu'il n'oubliât jamais
qu'il étoit , par fa nature , & par fa foibleffe,
égal à tous ceux qui fe foumettoient volontairement à lui , fous l'abri commun des loix
& de la religion. Parce que les hommes ont
trop demandé à leurs fouverains , ils n'en ont
rien obtenu ; le defpotifme eft devenu une
autorité fans bornes , parce qu'on en a exigé
des chofes fans bornes : l'impoffibilité où il

a été de procurer les biens furnaturels qu'on lui demandoit, n'a pu lui laiſſer d'autre moyen de manifeſter ſa puiſſance, que celui de faire des extravagances & des maux extrêmes.

Tout ce chapitre eſt encore une preuve, que le deſpotiſme eſt une idolâtrie, toujours auſſi abſurde que criminelle.

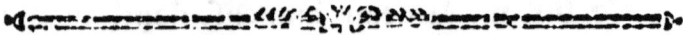

SECTION XVII.

Veſtiges d'uſages théocratiques dans les cours de l'Europe.

TOUT éloigné que ſoit notre heureux climat, de ces uſages monſtrueux qui déshonorent & aſſerviſſent encore tous les autres peuples de la terre, il en conſerve pourtant quelques légéres empreintes. D'où vient, par exemple, cet antique privilege, qu'ont encore quelques princes de l'Europe, de pouvoir dit-on, guérir certaines maladies par leur ſeul attouchement, & ſur quoi peut être fondée la ſuperſtition de ceux qui ont recours à ces Médecins couronnés? Cela vient de cette coutume idolâtre que nous venons de trouver chez tant de peuples, d'avoir recours à leurs rois dans toutes les calamités naturelles, comme aux ſouverains de la nature, & aux diſpenſateurs des biens & des maux qui partent de

la feule main de la providence. Le roi de Perfe
a de même ce don myftérieux ; & quelques
empereurs Romains, gâtés par l'exemple des
defpotes de l'Orient, affectèrent auffi la même
vertu ; ce n'eft donc qu'un privilege afiatique,
que l'ancienne barbarie a pu amener dans notre
continent, & que les lumieres du fiecle doivent anéantir comme un opprobre. Nos rois
n'ont plus befoin de ce foible artifice pour
être aimés, adorés & refpectés : comme ils ne
peuvent faire que le bien poffible, c'eft leur
manquer que d'en exiger ce qui furpaffe leur
pouvoir ; & comme ils font ordinairement
remplis d'humanité, des prieres auffi indif-
crettes ne peuvent, fans doute, qu'affliger leur
bon cœur.

Il eft plufieurs autres ufages d'étiquette, qui
procédent auffi, fans qu'on le fache, des erreurs primitives ; mais, il faut en convenir,
ces ufages font devenus, ou font en eux-
mêmes, fans conféquence, & on les fuit par
le feul refpect pour la coutume, & fans qu'aucune fuperftition y ait part. Je n'ai point deffein de les rappeller ici ; ceux qui fréquentent
les cours, & qui font au fait du cérémonial qui
environne les princes, pourront en reconnoître diverfes traces dans cet ouvrage.

Il n'eft gueres de fouverain en Europe, qui,
fans le favoir, n'affecte encore ces apparitions
orientales & périodiques ; nos premiers rois de
France les affectoient dans leurs grands jours

de pâques & de noël : les *grands couverts* d'aujourd'hui peuvent encore partir de cette source ; les palais de nos rois, ouverts en tout temps, ne ressemblent point à ces serrails impénétrables de l'Orient ; néanmoins leur entrée est encore plus libre en de certains temps que dans d'autres, l'anniversaire de la fête du prince permet aux derniers du peuple de pénétrer dans tous les lieux qu'habite son monarque. Dans ses voyages & sur ses routes tout doit encore s'ouvrir devant lui, & les grands ne manquent point de lever alors les barrieres, & d'ouvrir les avenues de leurs palais & de leurs châteaux. L'Asie nous montre de semblables usages, & d'autres qui y sont tout-à-fait contraires, quoique les uns & les autres soient sortis de la même source. Tout est ouvert devant le grand Mogol quand il sort, & les grands doivent lui venir offrir un présent, toutes les fois qu'il passe devant leurs maisons. Tout se ferme en Perse quelquefois, & tout se fermoit autrefois à la Chine, quand le despote sortoit de chez lui. Les usages du Mogol & de l'Europe sont, comme l'on voit, beaucoup plus humains que ceux de la Perse & de la Chine ; c'est cette différence & plusieurs autres, que nous avons déja rencontré dans l'ancien cérémonial théocratique, que nous allons actuellement considérer, pour en expliquer les bizarreries & les contrariétés.

SECTION XVIII.

Source des variétés & des contrariétés qu'on apperçoit dans les usages de différents gouvernements despotiques.

POUR connoître les principes & la source des variétés que nous avons vûes dans les différentes cours Asiatiques, il est nécessaire de recourir aux dispositions primitives du genre humain, & d'envisager les différents points de vûe sous lesquels le grand Juge a pû être regardé des anciens peuples dans ses avénements & dans son regne: il devoit être envisagé sous deux aspects principaux & opposés l'un à l'autre, c'est-à-dire, sous une face heureuse & sous une face malheureuse, elle étoit heureuse parce que cet événement étoit l'annonce du regne de la paix & de la félicité dont on se faisoit de si belles peintures ; & elle étoit malheureuse, parce que ce grand Juge étoit en même temps l'annonce de la fin du monde & de ses suites terribles. Son attente étoit pour les justes une source de plaisirs, & de consolation ; mais pour les méchants, c'étoit un objet perpétuel de crainte & de terreur ; les premiers voyoient dans l'Être suprême un bon Père, & un bon Roi ; les seconds n'y voyoient qu'un Juge inexorable, & qu'un impitoyable Exterminateur.

La divinité étant confidérée fous ces deux afpects, fes fymboles & fes images le furent de même, parce qu'ils devoient fervir à le repréfenter en tout, & à inftruire les hommes de toutes les grandes vérités qui la concernoient.

Lorfque par la fuite des temps l'homme eut abufé des premiers fymboles muets & inanimés qui avoient fervi à lui montrer le Dieu monarque fous ces deux faces, & qu'il en eut fait une multitude de déités & de puiffances particulieres, le monde Payen fe trouva rempli de deux ordres de divinités, dont les unes paffèrent pour les amies du genre humain, & les autres pour des Démons & des génies malfaifants, que l'on adora par crainte, mais dont on n'ofa prononcer le nom; ce fut là la fource de cette famille obfcure des dieux inconnus, que l'on trouve dans la mythologie de prefque toutes les nations.

Les Mages & les Perfes, qui ne donnerent point avec le même excès dans le Polythéifme abfurde des peuples d'Occident, fe jetterent dans une autre erreur, par les fpéculations qu'ils firent fur les deux différents afpects de l'ancien Grand Juge.

Comme les Théologiens de ces temps reculés, ainfi que ceux de nos jours, n'étoient

capables que d'embrouiller ce qu'ils ne pouvoient comprendre, & que le bien & le mal
qu'ils voyoient dans le phyfique & dans le
moral de l'univers, les embarraffoient étran-
gement ; ils firent de la divinité confidérée
fous fes deux attributs primitifs, deux principes différents & ennemis l'un de l'autre,
qu'ils imaginerent être toujours en guerre,
& produire tour à tour le bien & le mal,
l'ordre & le défordre, qui femble être la
bafe de cette harmonie générale de l'univers,
auroit dû cependant ramener ces docteurs à
des principes plus fimples.

Les dogmes de la religion s'étant ainfi al-
térés & corrompus par l'abus que l'on fit
des fymboles inanimés dont elle fe fervit,
& par les méditations des théologiens, qui
fe remplirent l'imagination de phantômes hi-
deux, & de puiffances imaginaires ; les mêmes abus, & les mêmes erreurs pafferent
néceffairement dans les Gouvernemens civils
& politiques, lorfque ce fut des hommes que
l'on prit pour repréfenter le Dieu monarque,
& lorfqu'on les chargea de tous fes attributs ;
mais les fuites de ces abus y furent des
malheurs bien plus réels & bien plus funeftes ; on ne peut confidérer un mortel comme
le maître fouverain du bien & du mal, fans
lui mettre par là les armes & la foudre à la
main, & fans donner la vie & l'exiftence
aux objets imaginaires & invifibles des terreurs

reurs superstitieuses ; ainsi après avoir donné l'être aux Démons, on donna l'être aux Tyrans.

Il est vrai que ces symboles vivants furent également chargés des attributs d'équité, de bonté & d'amour, & que s'ils eurent à repré-senter la Divinité sous son aspect le plus effrayant, ils devoient aussi la montrer sous l'aspect de ses vertus & de ses perfections ; mais indépendamment de l'impossibilité où ils se trouvoient de remplir ce dernier rôle, nous devons avoir assez bonne opinion du bon sens des nations, même dans leurs erreurs, pour croire que le sentiment tacite qu'elles dûrent toujours avoir de l'imperfection de tous ces divers symboles de la Divinité, fit qu'elles furent bien plus portées à trembler devant les idoles brutes & humaines, qu'à avoir en elles cette parfaite confiance que l'amour suit de si près. L'idolâtrie & le despotisme eurent donc l'un & l'autre la crainte & la terreur pour principe & pour fondement. La conduite des princes porta ensuite au plus haut degré ces sentiments de frayeur & d'avilissement, dont les premiers germes étoient dans la constitution de l'état & de la religion. Maî-tres souverains & libres de leurs actions comme Dieu même ; si les rois porterent, comme les enfants de Samuël, les noms d'*Abiach* & de *Joël*, c'est-à-dire, de *Dieu pere* & de *Dieu fort*, & de redoutable ; s'ils virent & leur trône, &

L

leur tête, & leurs titres, décorés de tous les attributs de l'être suprême, leur orgueil & leur vanité se trouverent bien plus frappés de ceux qui représentoient une puissance invincible & une volonté immuable. En un mot, leurs passions & leur foiblesse leur faisant trouver beaucoup plus de facilité à contrefaire le grand Juge sous son aspect le plus terrible, parmi tous les mobiles qu'ils pouvoient choisir pour se conduire eux-mêmes & pour conduire le genre humain, ils préférerent la crainte à l'amour.

Nous pouvons à présent entrevoir les causes des diversités, ou plutôt des contrariétés que nous avons rencontrées dans le cérémonial des cours Asiatiques; elles ont eu pour origine les attributs opposés de l'ancien *Dieu monarque*, que les princes étoient obligés de représenter, mais entre lesquels ces princes n'ont point pu, & n'ont point voulu maintenir une juste balance. Voilà pourquoi presque tous les despotes se sont tenus cachés, ont dérobé la connoissance de leur nom, n'ont paru que pour exciter la terreur, que pour répandre la frayeur; il a fallu presque par-tout fuir à leur aspect, & fermer les portes comme à l'approche de l'Ange exterminateur.

Ces déplorables abus remontent à la plus haute antiquité, & peut-être même aux temps théocratiques.

Les prêtres des Scythes, ces anciens peuples

de la haute Afie, ne leur montroient leur Dieu
que fous la forme d'une lance ou d'une épée ;
il en étoit à-peu-près de même du *Jehovach*
des Hébreux ; ce n'étoit, felon leurs docteurs
& leurs prophetes, qu'un monarque févere,
cruel, impitoyable, jaloux & vindicatif, qu'ils
décoroient de tous les titres, & de tout l'appareil de la terreur ; aufli le Judaïfme n'étoit-il,
& n'eft-il encore, qu'une religion de fervitude (a). Cet efprit de crainte & de defpotifme que l'on découvre dans la théocratie des
Hébreux, qui eft la plus ancienne & la feule
que nous puiffions diftinctement connoître
dans l'hiftoire de toutes les nations, pourroit

(a) Le titre fi fréquent que fe donne le dieu des
Hébreux de *dieu des combats*, m'a fait long-temps
foupçonner qu'il n'étoit que le dieu des Scythes, c'eft-
à-dire, l'impitoyable Mars. Un rapport & une tradition
finguliere a prouvé par la fuite la vérité de cette conjecture.

Hiftiée de Milet, ancien hiftorien des antiquités Phé-
niciennes, rapporte, qu'après le déluge les prêtres qui
s'étoient réfugiés dans les montagnes, rapporterent au
fénat le culte facré du dieu *Enyalius*. Or *Enyalius* &
Enys font des noms Grecs de *Mars* & de *Bellone*. De
plus Mars occupe le troifieme rang dans la généalogie
des fept premiers patriarches. Cet *Enés* eft vifiblement
le même que Mars ; fon nom fignifie en Hébreu *chofe
mortelle*; ainfi il eft encore le même qu'*Enyalius*, que
les Grecs auront formé d'*Enes* & de *Iylus*, mot Phénicien, pour exprimer en un feul mot *le dieu qui porte
la mort*,

I ij

peut-être faire soupçonner ici que les théocraties, & le despotisme qui en est sorti, ont pu être réellement établis dans le dessein de gouverner les sociétés par la terreur, & que les législateurs ont pu y être forcés par la dureté qu'ils auroient reconnue dans l'esprit & dans le cœur des hommes ; la théocratie des Hébreux, qui paroît avoir été établie sur ce principe, semble favoriser ces soupçons, & même les réaliser par un exemple frappant, lequel, aux yeux d'une multitude de personnes, sera d'un poids & d'une considération infinie.

Il n'en doit pas être de même pour des yeux éclairés, qui se seront déja apperçus du faux & du merveilleux dont les annales hébraïques sont défigurées. Ou la théocratie des Hébreux n'a jamais existé telle que l'histoire nous la décrit, ou, si elle a subsisté sur ce ton, ce n'a dû être que dans des temps très-postérieurs aux anciennes. Nous ne devons donc point nous y méprendre, ni nous imaginer qu'elle ait été la seule, & encore moins la premiere de toutes les théocraties, elle n'en a été qu'une tardive & très-infidelle copie ; peut-être même, vu les fables sans nombre dont elle est d'ailleurs remplie, n'est-elle qu'une mauvaise collection de fausses traditions sur les anciens temps que l'imposture a rapprochés, & que l'ignorance a colorés des mêmes traits & du même caractere qu'elle voyoit régner dans les

SUR LE DESPOTISME. *Sect. XVIII.* 197

despotifmes voilins, lorfqu'elle s'eft avifée de
les écrire. Il ne faut, pour s'en convaincre,
qu'envifager avec un peu d'attention le plan
& l'efprit de cette théocratie, & l'hiftoire
vraie ou fauffe des événements antérieurs que
la Bible a rapportés ; on voit alors que le
gouvernement n'a été établi chez les Hébreux
que pour les féparer de toutes les nations
étrangeres & idolâtres.

On remarque que les premiers comman-
dements théocratiques donnés fur le mont
Sina, défendent le culte des idoles des dieux ;
ce qui prouve que l'ignorance & la profanation
du nom de Dieu, étoient répandues fur la terre
depuis un grand nombre de fiecles ; & l'on
apperçoit dans les premiers livres de Moyfe,
une multitude de noms & de fêtes qui ont
rapport à la mythologie & à l'idolâtrie.

Jugeons actuellement, par ces remarques,
à quel point l'hiftoire du monde doit être
renverfée dans ces prétendus livres facrés,
puifqu'ils font la théocratie moins ancienne
que l'idolâtrie, qui en étoit cependant, comme
nous avons vu jufqu'ici, la funefte fuite, &
la fille ; nous ne devons donc point chercher
dans ces livres le premier efprit théocratique,
ni être étonnés que les Hébreux l'aient méconnu, & qu'ils nous aient montré leur
Dieu monarque auffi terrible qu'étoient les
defpotes d'Affyrie, de Perfe, & de Babylone,
dont les gouvernements n'étoient plus que

I iij

des théocraties tyranniques, dont le prince
invisible avoit été personnifié depuis très long-
temps.

Après avoir montré le néant de la base
historique sur laquelle ce soupçon contre
l'ancien caractere du genre humain auroit
pu s'appuyer, je crois devoir encore faire
appercevoir combien ce soupçon seroit in-
juste en lui-même, & injurieux pour les
hommes en général : si cette atrocité & cette
dureté du cœur humain ont pu se voir &
se voient réellement aujourd'hui dans plusieurs
contrées de la terre, ce n'est pas-là qu'il
faut aller pour se former une idée du génie
des peuples primitifs, & encore moins de
celui des anciens témoins des malheurs du
monde, qui sont les seuls que nous devions
considérer ici ; devenus, par leurs souffrances
& par leurs misères, religieux, modérés,
industrieux & compatissants, jamais de pareils
hommes n'ont eu besoin d'être conduits avec
un sceptre de fer ; il ne leur falloit qu'un
gouvernement paternel & ami du genre humain ; c'est celui-là qu'ils avoient pris sans
doute, puisque le despotisme, en bien des
contrées, ose encore en porter le nom ; puisque le souvenir des premiers temps a toujours été un souvenir cher à toute la terre ;
puisque les vestiges qui nous restent dans
l'histoire de la législation de ces premiers âges,
en font encore le plus parfait éloge. Les

hommes, à la vérité, furent imprudents &
superstitieux, quand ils s'imaginèrent devoir
soumettre leurs institutions civiles au Dieu
monarque ; mais cette fausse spéculation prouve
elle-même combien leurs intentions étoient
droites, combien leur dessein étoit pacifique,
& leur caractere simple & paisible ; s'ils ont
changé par la suite, c'est en portant la peine,
non de leur méchanceté, mais de leurs superstitions ; ce sont les suites inévitables de leur
malheureux choix, qui, en produisant les
tyrans, produisirent insensiblement l'altération du cœur & de l'esprit des nations ; elles
s'endurcirent à proportion de la dureté des
gouvernements ; elles se roidirent sous le
poids des fardeaux qu'on leur fit porter ; &
elles devinrent insensibles & abruties par les
miseres extrêmes de leur esclavage.

C'est ainsi que les abus sortis des théocraties,
& les rigueurs du despotisme, ont perverti
le caractere primitif des hommes, ont presque
changé leur nature, & qu'en un grand nombre
de contrées, ils les ont forcés de repousser par
autant d'excès, les excès dont ils étoient écrasés.

Les habitants anciens & modernes du continent de l'Asie, qui nous ont fait voir tant de
fois le spectacle des grandes révolutions dans
la personne des despotes, sont néanmoins, &
ont toujours été, par leur caractere & leur
climat, des peuples doux & pacifiques ; telle
a toujours été la douceur, la bonne foi, &

l'excès de religion de ces trop malheureuses
nations, qu'après avoir été cent fois les dupes
& les victimes des monstres adorés, qu'elles
auroient dû étouffer, il ne leur est point
encore venu dans l'idée d'établir un gouvernement plus fixe & plus modéré, en mettant
le trône, le monarque & le peuple à l'abri
d'une commune loi, qui pût les défendre &
les soutenir réciproquement.

Quel affreux gouvernement, que celui dont
la cruauté & la rigueur s'éternisent par la
douceur & par la soumission naturelle des
nations ! Combien seroit fausse, pour ne rien
dire de plus, une idée qui voudroit nous porter
à soupçonner que le despotisme auroit été le
fruit d'une législation raisonnée, accommodée
au véritable caractere de l'homme, & faite
pour le bien du genre humain ! Notre cœur la
contrediroit ; elle seroit démentie par l'expérience & par l'histoire.

Il est cependant un pays au monde où le
despotisme semble encore se montrer sous quelques traits favorables, & propres à affoiblir
l'horreur qu'on doit avoir pour lui ; ce seroit,
sans doute, la Chine, où ce gouvernement
paroît avoir eu un si grand succès, qu'il est
difficile d'imaginer qu'aucun autre eût pu,
ainsi que lui maintenir l'immortalité de cet
empire, qui passe pour le plus sage, comme
il est le plus ancien, de tous ceux qui subsistent sur la terre. Cette singuliere exception

mérite bien que nous difions un mot de la
Chine, & que nous y fuivions l'ennemi commun de l'humanité, pour l'attaquer, s'il eſt
poſſible, fur fon premier trône, & au centre
même de fa gloire.

SECTION XIX.

Du déſpotiſme de la Chine.

SI les loix de la Chine avoient été faites par
le deſpotiſme, elles feroient fans doute fon
éloge ; mais dans cet empire, comme par-tout
ailleurs, elles l'ont précédé ; les fouverains y
ont été eux-mêmes l'ouvrage de la fociété &
des loix ; la même chaîne d'événements que
nous avons juſques-ici fuivis chez tous les peuples du monde, a produit de même en cette
contrée le mélange de biens & de maux qui
devoient être les fuites néceſſaires dès premieres inſtitutions, & des premiers préjugés
des hommes.

Ce qui diſtingue feulement les Chinois de
tous les autres peuples, & ce qui a contre-
balancé quelquefois les maux que les préjugés
originels ont fait naître dans leur empire,
c'eſt le reſpect fans bornes qu'ils ont eu dans
tous les temps pour les inſtitutions primitives
de leurs ancêtres, & la vénération profonde

I v

qu'ils ont conſervée pour les anciennes loix civiles & politiques, qui n'avoient point eu d'autre modele que les loix économiques, domeſtiques & morales des premieres familles du monde renouvellé.

Ce rare privilége des Chinois ne doit point cependant nous les faire regarder comme une eſpece d'hommes particuliers ; s'ils ont été plus ſages & plus heureux que tant d'autres peuples qui avoient poſſédé de même ces loix ineſtimables, & qui les ont perdues depuis ſi long-temps, c'eſt à la ſeule ſituation de leur empire qu'ils en ont l'obligation ; placés au bout de l'univers, environnés d'un côté de mers immenſes, de l'autre de montagnes inacceſſibles inconnues du reſte de la terre, & qu'ils ne connoiſſoient point eux-mêmes, aucun événement extérieur n'a dû, pendant une très-longue ſucceſſion de ſiecles, altérer l'économie primitive de cet empire ; les loix ont eu le temps d'y produire tout le bien qu'elles étoient capables de faire ; la longue expérience de leur utilité & de leur excellence, ayant gravé pour elles dans le cœur des peuples un reſpect éternel, eſt la ſeule cauſe par laquelle l'eſprit primitif du genre humain, s'y eſt conſervé, & fait encore aujourd'hui l'eſprit national de cet empire extraordinaire. Sans ce hazard la conſtitution de la Chine auroit ſubi, ſuivant les apparences, le ſort commun à toute la terre, parce qu'elle auroit

aussi en elle-même le vice commun & le germe
fatal de ce despotisme & de cette servitude,
qui s'y sont nécessairement établis, & qui y
ont souvent produit, comme par-tout ailleurs,
les grandes révolutions. Leurs fables & leurs
idolâtries sont des monumens certains du regne des chimeres, & des préjugés théocratiques ; le cérémonial des empereurs, aussi-bien
que la conduite & la façon de penser du peuple à leur égard, sont encore des preuves par-
lantes que les hommes y ont monté sur l'ancien trône du Dieu monarque, par les mêmes
degrés dont nous avons reconnu les traces
chez toutes les autres nations, & que les
rois n'y ont été de même placés & établis que
pour représenter sur la terre le souverain maître du ciel, & tenir dans leurs mains la balance du bien & du mal que Dieu seul étoit
capable de dispenser à propos & avec justice.

Loin donc de nous aveugler sur le compte
de ce peuple fameux ; nous devons au contraire nous appercevoir, par tous ses usages,
qu'il a également conservé les bonnes & les
mauvaises empreintes de sa constitution ancienne.

L'empereur de la Chine se dit fils du soleil ;
on ne lui parle qu'à genoux, & il a été des
temps où il ne se montroit jamais ; il ne paroif-
foit qu'à une fenêtre à de certains périodes,
& l'on fermoit ses portes lorsqu'il sortoit de
son palais ; il est décoré, comme les *osiris* de

I vj

l'Égypte, de tous les titres & de tous les attributs de la Divinité ; il est le souverain de la religion, comme il l'est de la police ; enfin dans tous les temps il a joui d'une puissance & d'une autorité qui n'ont été restreintes par aucune loi humaine, quoique la Chine eût pu lui en donner de si bonnes.

C'est ainsi que cette contrée nous offre le mélange le plus bizarre de sagesse & de folie. Si nous voulions en parcourir les annales, tantôt nous verrions des rois se faire un singulier honneur du titre de pasteurs & de nourrissiers de leur peuple, qu'ils regarderoient comme leurs enfants, & nous verrions ces peuples heureux donner le nom de *pères* à ces bons rois ; (a) tantôt nous verrions aussi ces rois devenir la honte & le fléau de l'humanité, remplir leurs états d'horreur & de désespoir, & forcer les peuples à prendre un génie attroce pour exterminer des familles entieres de tyrans, ou pour appeller d'autres barbares, à leur secours, afin de leur remettre leur liberté, & leur vengeance. Dans ces cruelles vicissitudes, qui ont si souvent changé les maîtres de cet empire, où les défauts de sa constitution lutoient sans cesse contre ses vertus, la force des loix naturelles donnoit toujours le ton au commencement des dynasties ; & telle étoit leur excellence, que les nouveaux conquérants

_____

(a) *Mém. du P. Le Comte, t. 3.*

s'y foumettoient eux-mêmes en les admirant ;
mais par la suite le vice caché se développoit,
il se fortifioit insemsiblement, & à la fin il
causoit un nouvel embrasement.

Ce ne seroit donc tout au plus que dans les
premiers temps de chacune de ces dynasties,
ou peut-être encore lorsque le ciel auroit fait
présent à cet empire de quelque prince extraordinaire par ses vertus personnelles, que nous
pourrions y voir le modele d'un parfait gouvernement; mais qu'on ne s'y méprenne point, ce
gouvernement n'étoit plus alors un despotisme.

Lorsque quelques sages empereurs, dans
l'excès même de leur puissance, ont préféré,
au titre de terrible & de redoutable, celui de
pere & de nourrissier, il paroit que si ces
princes n'étoient point bornés & retenus par
des loix, ils se croyoient néanmoins bornées &
retenus par la raison & par les mœurs ; ensorte
que le gouvernement de la Chine, despotique
par sa nature, & théocratique dans son principe, c'est-à-dire, peu fait pour la terre, se rap-
prochoit alors de l'homme & de l'humanité, &
s'y proportionnoit, pour ainsi dire, par le
bon sens, & la sagesse de ces respectables monarques. Dans ces glorieux instants ; où ils
étoient capables de donner ainsi des bornes à
leur vaste puissance qui n'en avoit point, le
despotisme des souverains étoit monarchique
dans son exercice, & c'est ce qui en faisoit
alors le bonheur & la sûreté.

Qu'eft-ce, en effet, qu'un defpotifme qui
tolere dans fes états des corps anciens de ma-
giftrats & des favans, qui ont ofé fouvent &
avec fuccès, fous les bons princes, faite des
remontrances à leur defpote, lui donner des
leçons & l'inftruire, lui dire avec autant de
vérité que de hardieffe, que l'obligation où il
eft de modérer fa puiffance, & de ne point
abufer de fon pouvoir, l'établit au lieu de le
détruire, & que la gêne falutaire qu'il doit
donner lui-même à fes paffions, ne le rend pas
fur la terre de pire condition que le fouverain
empereur du ciel, qui ne fe permet que le
bien? Un tel gouvernement, dans ces bril-
lantes circonftances, n'étoit pas encore tout-
à-fait une monarchie; il n'étoit pas non plus
un defpotifme, mais une de ces anciennes
théocraties, que les faux principes n'avoient
point encore corrompue; c'étoit une précieufe
image des fiecles primitifs, & de cet âge d'or
fi fameux, où la raifon étoit encore la premiere & la feule loi du genre humain.

Le pere le Comte ne s'eft donc point trompé
tout-à-fait quand il a dit qu'à voir les anciennes loix de la Chine, il fembleroit que Dieu
lui-même en auroit été le légiflateur; c'eft
qu'elles avoient été faites dans ces temps théocratiques où Dieu avoit été en effet regardé
comme le roi de la terre, & les habitants de
la terre comme les juftes & les élus fur lefquels
il alloit immédiatement régner.

Ainſi ces grands traits de l'hiſtoire de la Chine ne nous ramenent point au deſpotiſme ; mais ils nous rappellent la haute & ſublime ſpéculation des nations primitives qui voulurent ſe modéler ſur le gouvernement du ciel, pour ſe rendre heureuſes ici-bas; & en nous la rappellant, ils nous en font eux mêmes en même temps connoître tout le danger & toute l'Illuſion, puiſque, en conſéquence de cette fatale ſuppoſition, toutes les nations s'abandonnerent ſans précaution au caprice d'un ſeul homme, croyant s'abandonner à la ſage providence du ſouverain empereur du ciel & de la terre.

Ces anecdotes détachées, que nous admirons dans l'hiſtoire de la Chine, ne peuvent donc point contrebalancer le cri des nations, & l'expérience de tous les temps, qui s'élève contre ce ſyſtême théocratique, & contre toutes les adminiſtrations arbitraires qui en ſont ſorties. J'entends cette voix univerſelle apprendre aux Chinois eux-mêmes, qui n'ont pas toujours été auſſi ſages & auſſi heureux qu'on ſe l'imagine, que toutes les ſecouſſes qui ont ébranlé pluſieurs fois leur empire, n'ont point eu d'autre ſource que le ſurnaturel des ſpéculations de leurs ancêtres, que ce ſont elles qui ont donné naiſſance chez eux, comme par-tout ailleurs, à des Sardanapales, à des Nérons, & des monſtres qui, ſous le nom de la Divinité, & à l'abri des préjugés théocratiques, ſe ſont joués de la nature hu-

maine ; que ce font les révolutions que ces anciennes chimeres ont occafionnées , qui ont
ruiné en cette contrée , comme dans toutes les
autres , les vrais monuments de l'hiſtoire du
monde , pour mettre en leur place des recueils
de menſonges , & des annales fabuleuſes ; (a)

(a) L'antiquité nous parle de pluſieurs princes qui
ont eu la folie & la cruelle ambition de détruire les monuments de tous les regnes , & de tous les temps qui les
avoient précédés , afin de paſſer dans l'eſprit de la poſtérité pour les premiers hommes & pour la ſource & l'o-
rigine de toutes les ſociétés. Ces monſtres ont envié
aux révolutions de la nature leur triſte pouvoir , & ils
cherchoient vraiſemblablement à la contrefaire. Les idées
& les préjugés qu'avoient les anciens ſur les périodes
aſtronomiques & aſtrologiques, de la durée du monde ,
ont dû contribuer à la folie de ces princes ; on s'imaginoit que dans un période qui ſuccédoit à un autre, le
monde n'étoit plus le même; & comme la religion
avertiſſoit alors qu'il falloit ſe renouveller , comme elle
nous en avertit encore, on croyoit qu'il falloit tou
renouveller & tout changer, juſqu'à ſa mémoire ; alors,
comme au jubilé des Hébreux, tout le paſſé étoit
cenſé oublié & comme non avenu ; on quittoit l'ancienne façon de compter les années , & l'on en prenoit
une nouvelle, qui faiſoit négliger les ſiecles & les
époques antérieures. Voilà , ſans doute, quelle eſt
l'origine de ces époques & de ces différentes éres chro-
nologiques , qui ont tant embrouillé l'hiſtoire du
monde , & dont peut-être il ne nous reſte dans nos
hiſtoires que la plus petite partie. Indépendamment de
ces préjugés & de leurs effets naturels, la folie des
conquérants a été de renouveller ces époques. Les rois

que ce font leurs anciennes suppofitions & les
abus du cérémonial figuré, qui les ont fait
tomber dans l'idolâtrie, fœur & compagne in-
féparable du defpotifme; enfin, que ce font
tous les faux principes de la théocratie en
police comme en religion, qui ont produit
toutes les différentes cataftrophes qui y font

---

piffeurs ont tâché d'éteindre en Egypte le fouvenir des
âges paffés; les Babyloniens & les Chinois ont eu de
pareils extravagants, qui, dans le même deffein, ont
fait brûler une multitude de livres, dont on devroit à
jamais déplorer la perte. C'eft, fans doute, aux fuites
de ces frénéfies, que nous devons les annales judaï-
ques: cette nation a tellement méprifé toutes les autres,
que nous pouvons penfer qu'après fes tranfmigrations,
leurs prêtres ont reconftruit de leur mieux leurs annales,
en tâchant d'abforber toute l'antiquité, & de ramener à
eux feuls l'origine de toutes les nations: ce qui découvre déja leur folle vanité, & ce qui ne peut manquer de les confondre un jour, c'eft que comme ils
ont reconftruit ces annales avec plus de fuperftition
que de génie, ils n'y ont employé en partie que les
matériaux primitifs, qu'ils ont déplacés & déguifés à
la vérité, mais dont cependant il n'eft pas impoffible
de reconnoître la forme & la place primitive. Les
annales des Hébreux, des Egyptiens, des Chinois, &c.
préfentent à mes yeux des bâtiments neufs, conftruits
par des architectes mal-adroits & trompeurs, qui en fe
fervant des matériaux d'un bâtiment plus ancien qu'ils
ont démoli, n'en ont point effacé les reliefs primitifs:
d'où il arrive que l'on retrouve fouvent les pieces de
l'entablement du premier édifice, dans les fondements
du fecond.

arrivées depuis le renouvellement du monde, qui est la date de cet empire.

D'après cet examen de la constitution de la Chine, & de la connoissance du caractere de ces peuples passionnés pour les coutumes bonnes & mauvaises qu'ils ont reçues de leurs ancêtres, nous pouvons jetter un coup d'œil sur l'avenir, & prévoir ce qui pourra arriver un jour à ce fameux empire, de cet attachement plus machinal que raisonné. Comme il met obstacle au progrès de l'esprit humain, & que ce qui n'avance point dans le moral, & dans le politique, comme dans le physique, recule réellement, il arrivera que les Chinois seront un jour les plus malheureux peuples du monde; ils seront les plus malheureux, lorsque ceux qui le sont aujourd'hui plus qu'eux se seront perfectionnés par l'usage de la raison. Ce qui reste à la Chine de ses anciennes institutions s'éteindra nécessairement; ce reste s'évanouira dans les révolutions futures, comme ce qu'elle n'en a déja plus, s'est évanouï dans les révolutions passées; enfin, comme elle n'acquiert rien, elle perdra toujours, & les changemens qu'elle subira, seront en mal, comme par-tout ailleurs ils seront en bien.

SECTION XX.

Conclusion sur le despotisme.

LEs sources & les causes du despotisme doivent être actuellement aussi connues que les maux qu'il a produits, quelle noble qu'ait été son origine, ce gouvernement n'a jamais été qu'un monstre dès sa naissance, & il ne sera jamais que le fléau du genre humain, qu'il avilit, qu'il dégrade, & déshonore.

La théocratie avoit pris les hommes pour justes, le despotisme les a regardés comme méchans : l'un & l'autre gouvernement, en supposant des principes extrêmes qui ne sont point faits pour la terre, ont produit à la fois la honte & le malheur du monde : l'idolâtrie est venue s'emparer du trône élevé au Dieu monarque, & une servitude sans bornes a pris la place de cette précieuse liberté qu'on vouloit conserver par des moyens surnaturels.

On avoit espéré faire descendre sur la terre la félicité du regne & de l'état des justes dans le ciel, & l'on s'est plongé dans les horreurs & le désespoir du regne des enfers.

Au lieu de regarder les rois comme les représentants de la raison publique, & l'image abrégée de la société sur laquelle ils président,

on a voulu les regarder comme les repréfentants
de la Divinité, qui n'en peut avoir fur la terre
fans être avili, & fans que fa fauffe image ne
nous trompe par la multitude des préjugés qui
naiffent de cette fuperftition.

Il eft donc enfin démontré que le defpotifme eft un genre de gouvernement auffi contraire à la religion qu'au bon fens & à la droite
raifon ; pour le définir en deux mots, le defpotifme n'eft qu'une théocratie payenne.

Je dis que le defpotifme eft une théocratie
payenne ; il fuffiroit, fans doute, de dire que
c'eft une théocratie ; car que peut-il y avoir
fur la terre de théocratie qui ne foit payenne
& idolâtre ?

L'idolâtrie ne confifte pas fimplement à regarder une ftatue, un animal, ou un homme
comme le repréfentant de Dieu ; pour bien
définir l'idolâtrie, on devroit dire que c'eft
un culte ou une police qui fuppofe comme divin ce
qui n'eft pas divin ; ainfi non-feulement c'eft
une idolâtrie d'adorer une ftatue, un animal,
ou un mortel comme un Dieu : mais c'eft encore une idolâtrie de s'imaginer que les paroles
de cet homme, & les oracles qu'on fait prononcer au marbre & au bronze, font les paroles & les décrets de la Divinité. C'eft une
idolâtrie de préférer des fpéculations, des idées
& des chimeres myftiques & théocratiques,
à la raifon & au bon fens. C'eft une idolâtrie
de regarder toute légiflation comme immédia-

ient émanée de Dieu même, & dictée à
ministres par le ciel. C'est une idolâtrie de
connoître dans ses ministres théocratiques
caractere divin & ineffable. C'est une idolâ-
ie d'appliquer à la conduite des hommes ici-
s ; les loix qui ne font faites que pour les
éatures célestes. C'est une idolâtrie de sacri-
er la paix & la tranquillité, & la raison pu-
lique à tout ce qu'on appelloit, aruspice,
ugure, magie, divination, oracle, prophétie
révélation. C'est une idolâtrie de confondre
e ciel avec la terre, de ne vouloir pas dépen-
re de la raison publique, de se méconnoître,
de prétendre être plus qu'un homme. C'est
une idolâtrie de renoncer au titre de citoyen
u monde, & de sujet de son prince naturel,
our tyranniser le genre humain au nom de
la Divinité, ou pour vivre en reclus, en mé-
prisant ou en oubliant le reste de la terre.

Enfin, puisqu'il faut en convenir, la théocratie, source de toutes les erreurs, le despotisme sacré & civil qui en est sorti, & tous
les gouvernements & admininistrations qui en
sont dérivées, ou qui leur ressemblent, sont des
idolâtries aussi absurdes en elles-mêmes, qu'elles sont criminelles envers la Divinité, & per-
nicieuses pour toutes les sociétés.

SECTION XXI.

Comment le despotisme a pris fin en Europe. Les républiques lui succedent. Faux principes de ce nouveau gouvernement.

Aù Près être parvenu à connoître toutes les circonstances de la naissance, des progrès, & du regne du despotisme, on voudra peut-être sçavoir de quelle maniere il a pris fin chez plusieurs des peuples de la terre, & quels sont les peuples auxquels son joug ayant paru le plus insupportable, ont été les premiers à rompre leurs chaînes pour se donner un autre gouvernement; on desirera, sans doute, encore d'apprendre quel est le genre de gouvernement que ces nations auront choisi; & comme personne n'ignore qu'il n'en a point paru d'autre que le *Républicain* & le *Monarchique*, on me demandera au moins quelles ont été les vues de ceux qui les ont établis, & quel est le caractere de ces deux nouvelles législations? Comme ces questions sont les suites presque inséparables de notre sujet, je vais tâcher d'y répondre.

C'est ici que dans cette multitude de nations

anciennes qui vivoient toutes dans un égal efclavage, nous verrons quelques hommes commencer à fentir les priviléges de leur nature, & la force de leurs climats.

L'hiftoire du monde, dont nous pouvons actuellement entrevoir les temps connus, nous apprend que c'eft l'Europe qui; fatiguée du gouvernement tyrannique de fes anciens Rois, renverfa la premiere les trônes de la Gréce & de l'Italie, & qui, cherchant à rendre à la nature humaine l'honneur & la liberté qu'on lui avoit ravie, établit partout le gouvernement Républicain, comme le plus capable de rendre les hommes libres & heureux: nouveaux moyens & nouvelles méprifes dont il faut encore étudier les fources.

Nous avons vu plus haut qu'après l'extinction de la théocratie Eccléfiaftique, prefque tous les peuples éviterent le gouvernement de plufieurs, par un principe religieux, & par le préjugé que les hommes devoient être gouvernés fur la terre par une feule volonté, comme l'univers entier l'eft par l'Etre fuprême. Les mauvaifes conféquences qu'on avoit tirées de ce grand principe, ayant néceffairement produit les plus grands maux dans chaque fociété, & les plus grands ravages par toute la terre, les Européans s'en dégoûterent les premiers, à la vérité, parce qu'ils furent de tous les hommes les plus fenfibles à fes abus; néanmoins il ne faut pas nous imaginer que tous les anciens préjugés fussent éteints parmi eux, & qu'ils n'eurent plus part au nouveau genre de gouvernement que les peuples se donnérent dans cette révolution politique. Les anciennes spéculations théocratiques se réveillerent ; & comme elles influerent sur les nouveaux arrangements que l'on prit, & sur les projets de liberté qu'on imagina de toutes parts, ces anciennes chimeres furent encore la source de tous les vices & de tous les désordres des constitutions républicaines de la *Gréce* & de l'*Italie*.

Le gouvernement d'un Roi, & sa nécessité tenoit encore dans l'esprit des peuples de l'Europe tellement à leur religion, que ceux d'entre eux qui conçurent le plus de haine & d'horreur contre la royauté, crurent néanmoins devoir en conserver l'ombre, s'ils en anéantissoient la réalité. Les Athéniens & les Romains en réleguérent le nom, sans aucun pouvoir dans le sacerdoce ; & les uns en créant un *Roi des Augures*, & les autres un *Roi des sacrifices*, s'imaginerent satisfaire par-là tous les préjugés religieux qu'ils avoient encore sur la nécessité de la présence d'un Roi dans la société ; mais ce qui doit nous faire parfaitement démêler le véritable esprit théocratique, qui dictoit encore ces préjugés, c'est que les Athéniens éleverent en même temps une Statue à *Jupiter Roi*, pour faire connoître qu'ils n'en vouloient point d'autre à l'avenir.

Les

Les républicains ne firent donc que rétablir la théocratie primitive ; il en fut de même des autres préjugés dépendants du premier, qui s'efforçoient de ramener toujours au regne & à l'état des habitants du ciel, le gouvernement & l'état des hommes sur la terre : ils inspirerent toutes les nouvelles loix que l'on fit alors pour établir la liberté, l'égalité & la félicité de chaque citoyen ; & comme ces préjugés avoient fait le malheur des anciennes théocraties, ils furent de même la source de toutes les discordes, & des perpétuelles fermentations des républiques, qui, n'ayant que que des points de vue illusoires & de faux principes de conduite, ne purent jamais parvenir à cette assiete fixe & tranquille qu'elles cherchoient. Comme on s'imagina que l'égalité, que mille causes physiques & morales ont toujours écartée & écarteront toujours de la terre, parce qu'elle n'est faite que pour le ciel ; comme on s'imagina, dis-je, que cette égalité étoit de l'essence de la liberté, tous les membres d'une république se firent égaux ; ils furent tous rois, ils furent tous légillateurs.

Pour maintenir ces glorieuses chimeres, il n'est point d'Etat républicain qui n'ait eu recours à des moyens forcés, violents & surnaturels : le partage des terres, l'abolition des dettes, la communauté des biens, le nombre & la valeur des loix légillatives, une multitude

K

de loix fur le luxe, fur la frugalité, fur le commerce, &c. les occuperent & les diviferent fans ceffe. Les républiques fe difoient libres, elles cherchoient toujours la liberté ; elles voulurent être tranquilles, elles ne le furent jamais ; chacun s'y difoit égal, il n'y eut point d'égalité; enfin ces gouvernements, pour avoir eu pour objet tous les avantages extrêmes des théocraties & du regne célefte, furent perpétuellement comme ces vaiffeaux qui, cherchant des contrées imaginaires, s'expofent fur des mers orageufes, où, après avoir été long-temps tourmentés par d'affreufes tempêtes, ils vont enfin échouer fur des écueils, ou fe brifer contre des rochers d'une terre déferte & fauvage. Le fyftême républicain cherchoit de même une contrée fabuleufe ; il fuyoit le defpotifme, & par-tout le defpotifme fut fa fin. Telle étoit la mauvaife conftitution de ces gouvernements, qui vouloient affecter l'égalité & la liberté, que ce defpotifme qu'ils haïffoient en étoit la reffource & le foutien dans les temps difficiles. Il fallut fouvent que Rome, pour fe conferver, oubliât qu'elle étoit république, & qu'elle fe foumît à des *Décemvirs*, à des *Dictateurs* & à des *Cenfeurs* fouverains.

Je ne rappellerai point ici les autres principes théocratiques fur l'unité du regne du Dieu monarque, qui, étant auffi paffés dans

les républiques, les rendirent conquérantes
par principe de religion, & contre le bien-
être de toutes les sociétés.

Pour se bien convaincre que ce gouvernement n'est point fait pour la terre, ni
proportionné au caractere de l'homme, ni
capable de faire ici-bas tout son bonheur, il
suffit de remarquer son inconstance, & ses
divisions perpétuelles, son peu de durée, &
les limites étroites des territoires dans lesquels
il a toujours fallu qu'il se renfermât pour conserver sa constitution. Par cette derniere précaution, qui lui étoit d'une nécessité indispen-
sable, il y eut moins d'unité sur la terre qu'il
n'y en avoit jamais eu ; l'inégalité & la jalousie
des républiques entr'elles, firent répandre autant & plus de sang que le despotisme le plus
cruel : les petites sociétés furent dévorées par
les grandes, & les grandes à leur tour se dé-
voretent elles-mêmes.

Ce qui est capable de nous intéresser cependant encore pour les anciennes républiques, &
ce qui semble parler en leur faveur, ce sont
les exemples étonnants de force, de vertu &
de courage, qu'elles nous ont toutes donné,
& qui les immortaliseront sans doute. Pour ne
point nous laisser séduire par ces traits bril-
lants, il ne faut qu'examiner les causes de leurs
vertus, comme nous venons d'examiner les
causes de leurs vices.

K ij

Comme les principes théocratiques que nous avons retrouvés dans ces républiques, étoient au-deſſus des forces humaines, ils ont dû élever l'homme au-deſſus de lui-même ; mais ils n'ont pu le faire que pour un temps, parce qu'alors les hommes agiſſant par un excès de ferveur & de zele, n'ont point été capables de ſe ſoutenir conſtamment dans un état qui n'eſt point leur véritable état ſur la terre ; les prodiges ici-bas n'y ſont point de durée, parce qu'ils ne ſont point partie du cours ordinaire de la nature. Il a donc fallu que le républicain s'élevât pendant un temps au-deſſus de lui-même, parce que le point de vue de ſon gouvernement étoit ſurnaturel : il a fallu qu'il fût vertueux pendant un temps, ſon gouvernement voulant ſe modéler ſur celui du ciel où réſide la vertu ; mais à la fin il a fallu que l'homme redevînt homme, parce qu'il eſt fait pour l'être.

C'eſt le même ſurnaturel que nous admirons dans ces anciennes républiques, & que nous ſemblons regretter, qui avoit été, ſuivant les apparences, la ſource du bonheur paſſager des théocraties primitives, dont tous les hommes ont fait l'âge d'or & le regne de la juſtice ; c'eſt ce même ſurnaturel encore qui, ayant par la ſuite animé notre primitive Egliſe, fait qu'aujourd'hui on le rappelle ſi ſouvent avec enthouſiaſme. Quoique les objets ſpéculatifs de ces trois états puiſſent nous paroître différents,

ils ont été néanmoins les mêmes pour le fond ;
& tous les trois ont dû nécessairement produire des prodiges de vertu ; mais le même
surnaturel qui les animoit & qui les échauffoit,
est ce qui en fait la courte durée , parce que
tout ce qui est surnaturel n'est point fait pour
la terre.

Ceci doit nous faire remarquer combien la
superstition , ou la vanité chrétienne , s'est
trompée , lorsqu'elle a appellé les vertus hé-
roïques des anciens , *de fausses vertus* , & des
vertus humaines ; si elles ont été fausses , c'est
par une raison toute contraire , c'est parce
qu'elles étoient plus qu'humaines ; & ce qui
fait aujourd'hui le malheur du monde , c'est
que la plupart des vertus que prêche le Christianisme , sont de cette espece.

La vertu , ce mobile nécessaire du gouvernement républicain , est tellement un ressort
disproportionné sur la terre , que dans les républiques de la Grece & de l'Italie , elle étoit
un défaut.

Cette sublime vertu , qui fera la source de
l'égalité dans le ciel , amene sur la terre l'inégalité qu'on y veut éviter. Rome & Athenes
nous en ont donné des preuves qui nous paroissent étranges & inconcevables , parce qu'on
ne veut jamais prendre l'homme pour ce qu'il
est. Les plus grands personnages , les citoyens
les plus sages , tous ceux enfin qui avoient le

plus obligé ces républiques, étoient bannis,
ou se bannissoient eux-mêmes ; c'est qu'ils
choquoient cette nature humaine qu'on mé-
connoissoit ; c'est qu'ils le rendoient coupables
aux yeux de l'égalité publique, par leur trop
de vertu.

SECTION XXII.

Du gouvernement monarchique.

LES abus du defpotifme , les dangers des républiques , & le faux de ces deux gouver-nements iffus de la théocratie , nous apprendroient ce que nous devons penfer du troifieme , quand même la raifon feule ne nous le dicteroit point : un gouvernement où le trône du monarque a pour fondements les loix de la fociété fur laquelle il regne , eft fans doute le plus fage & le plus heureux de tous.

Tous les principes d'un tel gouvernement font pris dans la nature de l'homme & de la planete qu'il habite ; il eft fait pour la terre , comme une république & une théocratie font faites pour le ciel , & comme le defpotifme eft fait pour les enfers. L'honneur & la raifon qui lui ont donné l'être , & qui le dirigent , font les vrais mobiles de l'homme ; comme cette fublime vertu , dont les républiques ne nous ont montré que des rayons paffagers , eft le mobile conftant des habitants du ciel, & comme la crainte des états defpotiques eft l'unique mobile des réprouvés.

K iv

C'est le gouvernement monarchique qui seul
a trouvé les vrais moyens de faire jouir les
hommes de tout le bonheur possible , de
toute la liberté possible , & de tous les avantages dont on peut jouir sur la terre ; comme
les autres anciens gouvernements , il n'a point
été en chercher de chimériques dont on ne
peut constamment user, & dont on peut abuser
sans cesse.

Le gouvernement monarchique doit être
regardé comme le chef-d'œuvre de la raison
humaine , & comme le port où le genre
humain battu de la tempête , en cherchant
une félicité imaginaire , a dû se rendre pour
en trouver une qui fût faite pour lui ; moins
sublime, à la vérité , que celle qu'il avoit
en vue , mais plus solide, plus réelle , &
plus vraie sur la terre.

C'est-là qu'il a trouvé des Rois qui n'affectent plus la divinité, & qui ne peuvent
oublier qu'ils sont des hommes ; c'est-là qu'il
peut les aimer , les honorer, les respecter,
sans les adorer & sans les craindre comme
des dieux , ou des idoles ; c'est-là que les Rois
reconnoissent les loix sociales & fondamenta-
les qui rendent leurs trônes inébranlables ,
& les peuples heureux ; c'est-là enfin que
les peuples obéissent sans peine & sans mur-
mure à des loix qui leur ont enfin donné de
sages monarques , & qui leur ont procuré tous

les avantages honnorables & raisonnables qui
distinguent l'homme d'avec l'esclave de l'Asie,
& le Sauvage de l'Amérique.

Comme nos ancêtres pleins de bon sens,
& vivement pénétrés du seul sentiment de la
dignité de leur nature, en se donnant des rois,
n'ont point fait un choix extrême entre un
Dieu & un Démon ; comme ils ont pris un
mortel semblable à eux, que la raison publique soutient par des loix fixes & constan-
tes, qui l'obligent tout le premier, parce
qu'il est homme, & le premier des hommes ; ce gouvernement humain & modéré
n'exige point de ses Rois qu'ils se comportent
en dieux ; il n'exige point des peuples une
austère vertu, dont peu sont capables ; ni
une soumission d'esclave qui les révolteroit,
ou qui les dégraderoit. Les hommes y sont
pris pour ce qu'ils sont ; on les y laisse jouïr
du sentiment de leur état civil & naturel ; on
y entretient même dans chacun ce sentiment
de la dignité de sa nature, que l'on appelle
honneur ; s'ils ont des passions, parce qu'ils
sont hommes, & qu'ils doivent en avoir,
l'état sçait les contenir & les tourner au profit
du bien général. Constitution admirable, digne de tous nos respects, & de tout notre
amour ! Chaque société y doit voir & sentir
une position d'autant plus constante, & d'autant plus heureuse, que cette position n'est

K v

point établi sur des principes faux, sur des
moyens ou sur des motifs chimériques, ni
sur des idées superstitieuses & mystiques,
mais sur la raison, sur la nature, & sur le
caractère, des choses d'ici-bas.

Je n'entrerai point ici dans le détail des diversités qu'ont entr'elles les monarchies présentes de l'Europe ; elles sont toutes du plus
au moins fondées sur les vrais principes ; mais
telle croit jouïr d'une constitution parfaite,
qui n'a encore que les abus des anciennes ; &
telle autre se plaint, qui est peut-être plus
heureuse qu'elle ne pense, & plus proche
de la perfection.

On ne doit point s'imaginer que nous ne
puissions voir un jour des monarchies parfaites, auxquelles il ne manquera rien de ce
qui est de l'essence de ce gouvernement. Ses
principes humains & naturels, seront connoître quelles en doivent être toutes les véritables loix ; & ces loix étant aussi humaines
& naturelles que les principes qui les font découvrir, on peut prévoir que le temps & les
progrès de la raison y améneront nécessairement. Il n'en est pas de même des deux autres gouvernemens ; la perfection d'une république, ou d'une théocratie, est une chimere ; & la perfection d'un despotisme est
une horreur, ou ce n'est plus un despotisme.

Les monarchies présentes peuvent donc

avoir encore quelques défauts, mais ce n'est point à moi à les relever ici ; je ne suis que citoyen, & le bonheur dont mes loix & mon prince me font jouïr, exige que je ne sois rien de plus ; c'est le progrès des connoissances qui en agissant sur les Rois, & sur la raison publique, achevera de les instruire sur tout ce qui peut manquer au vrai bien de la société : c'est à ce seul progrès, qui commande d'une façon invisible & victorieuse à tout ce qui pense dans la nature, qu'il est reservé d'être à l'avenir le législateur de tous les hommes, & de porter insensiblement & sans efforts des lumieres nouvelles dans le monde politique, comme il en porte tous les jours dans le monde sçavant.

F I N.

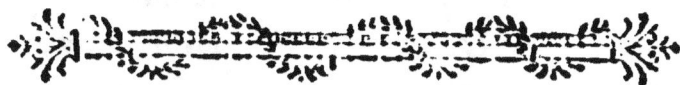

OBSERVATIONS
SUR LE LIVRE
DE L'ESPRIT DES LOIX.

JE croirois avoir omis la plus intéref-
fante de mes obfervations, fi après avoir
fuivi & examiné les fources & les progrès
des différents Gouvernements qui fubfif-
tent & qui ont fubfifté fur la Terre, je ne
finiffois par faire remarquer & admirer
la fagacité d'un grand homme, qui, fans
aucune connoiffance de l'origine particuliere de ces Gouvernements, qu'il n'a
fans doute point voulu chercher, a commencé où je viens de finir, & a prefcrit
néanmoins à chacun d'eux fon mobile &
fes loix.

Nous avons vû que les Théocraties &
les Républiques avoient pris le Ciel même
pour modele de leur adminiftration. *C'eft*

la vertu, dit M. de Montesquieu, *qui doit être le mobile du Gouvernement républicain.*

Nous avons vû que le Despotisme n'avoit jamais cherché qu'à représenter le grand Juge exterminateur, dans la Théocratie corrompue. *C'est la crainte*, dit encore M. de Montesquieu, *qui doit être le mobile du Despotisme.*

C'est l'honneur, dit enfin ce Législateur de notre siécle, qui doit *être le mobile de la Monarchie.* Nous avons, en effet, reconnu que c'est le seul Gouvernement raisonnable, fait pour la Terre, qui, laissant à l'homme le sentiment de son état & de son existence, doit être soutenu & conservé par l'honneur, qui n'est autre chose que le sentiment que nous avons tous de la dignité de notre nature.

Quoiqu'ayent donc pu dire la passion, l'ignorance & la superstition, contre les principes du sublime Auteur de l'*Esprit des Loix*, ils sont aussi vrais que sa sagacité a été grande pour les deviner ;

mais tel eſt le privilége du génie, d'être ſeul capable de connoitre le vrai d'un grand tout, lors même que ce tout lui eſt inconnu , & qu'il n'en voit encore qu'une partie.

Que ne vit-il encore , cet homme unique entre tous les hommes de nos jours, & de tous les ſiécles paſſés , pour nous inſtruire , & en particulier pour rentrer dans cet ouvrage , comme dans un bien qu'il feroit mieux valoir que moi ! Puiſſe-t-il, quelque informe que ſoit cet eſquiſſe , recevoir l'hommage que j'oſe en faire à ſa mémoire !

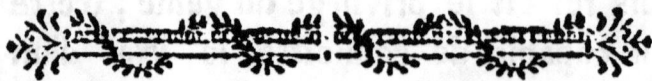

TABLE

DES SECTIONS.

Fin de la Table.

www.ingramcontent.com/pod-product-compliance
Lightning Source LLC
Chambersburg PA
CBHW070808270326
41927CB00010B/2347